A SOMBRA NAS ARTES, NOS CONTOS E NOS MITOS

A CAMINHO DA INDIVIDUAÇÃO

contato@sattvaeditora.com.br
www.sattvaeditora.com.br

Editora: **Vivian Lerner**

Projeto gráfico, diagramação e capa: **Luiz Zonzini**

Revisão: **Olenka Franco**

A sombra nas artes, nos contos e nos mitos: A caminho da individuação

Dados Internacionais de Catalogação na Publicação (CIP)
(Câmara Brasileira do Livro, SP, Brasil)

Gava, Vera Lúcia
A sombra nas artes, nos contos e nos mitos : a caminho da individuação / Vera Lúcia Gava. -- 1. ed. -- São Paulo : Sattva Editora, 2018.

Bibliografia.
ISBN 978-85-67977-29-4

1. Arquétipo 2. Individuação (Psicologia) 3. Jung, Carl Gustav, 1875-1961 4. Psicologia simbólica 5. Psicoterapia 6. Sombra (Psicanálise) I. Título.

18-14810 CDD-150.1954

Índices para catálogo sistemático:

1. Individuação : Psicologia analítica junguiana 150.1954

Maria Alice Ferreira - Bibliotecária - CRB-8/7964

A SOMBRA NAS ARTES, NOS CONTOS E NOS MITOS
A CAMINHO DA INDIVIDUAÇÃO

VERA LÚCIA GAVA

SATTVA EDITORA

2018

AGRADECIMENTOS

À Aurea Roitman, ao Glauco Ulson, ao Sylvio Toledo, à Renata Whitaker Horschutz, ao João Augusto Pompeia, pelo apoio e orientação deste trabalho.

Aos professores do Instituto Junguiano de São Paulo (IJUSP) pelos conhecimentos transmitidos.

À minha sobrinha Cecília Chistina de Moraes Gava pela ajuda na pesquisa e digitação.

À editora, colega e amiga Vivian Lerner pelo empenho na edição deste trabalho.

Dedico este trabalho à minha família,
em retribuição ao carinho e incentivo
que sempre dispensaram a mim.

Todo homem tem uma sombra e, quanto menos ela se incorporar à sua vida consciente, mais escura e densa ela será. De todo modo, ela forma uma trava inconsciente que frustra nossas melhores intenções.

(Carl Gustav Jung)

Conhece-te a ti mesmo, torna-te consciente de tua ignorância e serás sábio.

(Sócrates)

Até que o sol brilhe, acendamos uma vela na escuridão.

(Confúcio)

ÍNDICE

PREFÁCIO

Uma das questões fundamentais da Filosofia é: quem somos, de onde viemos e para onde vamos. Diria que é uma questão fundamental, também para a Psicologia.

A forma mais direta de responder a esta pergunta através da Psicologia Analítica é: viemos do inconsciente, buscamos o auto conhecimento e retornamos à nossa matriz, o inconsciente. A Sombra, como arquétipo, é a expressão contínua deste inconsciente, que nos acompanha ao longo de nossas vidas.

Tudo principia na noite imemorial do Inconsciente e termina, ou melhor, retorna a essa inconsciência, que é também a expressão da totalidade, onde toda a existência se inicia, e tende o tempo todo a retornar a ela. À essa totalidade, podemos chamar de Deus, do Cosmos, do Um, do Ser, do Self ou do OM, expresso como som. Ao sairmos do Um primordial caímos no mundo da dualidade, que é característica da consciência egóica. A partir daí, vivemos no universo dos pares de opostos: esquerdo-direito, cima-embaixo, bem-mal, luz-sombra. A luz sempre foi tomada como o símbolo mais perfeito para expressar a consciência, a escuridão como expressão de inconsciência-sombra.

O mundo da dualidade se caracteriza pelo conflito entre os opostos, gerando ansiedade, angústia, insegurança, depressão. É a saudade do paraíso perdido, pré-adâmico. As religiões, os mitos, as tradições espirituais sempre apontaram dois caminhos para a busca de Deus: o caminho catafático, ou teologia catafática, que vai em busca da luz ou da consciência pura; ou o apofático, que busca Deus na escuridão, no inconsciente ou na Sombra. Uma é chamada a via positiva, a outra, a negativa. Ambas se complementam.

Eu diria que este livro escolheu a via da Sombra que, como arquétipo, deve ser vista também no seu lado transcendente, metafísico, que se manifesta em tudo e em todos. Mesmo na Física, está presente no que chamamos de matéria escura que, segundo os físicos, constitui 95% do Universo e sobre a qual nada sabemos.

Buda, um dos maiores mestres espirituais do Oriente e da humanidade, inicia sua busca espiritual ao entrar em contato com a miséria, com a doença e com a morte, três expressões da sombra arquetípica. Cristo inicia sua missão de Messias indo ao encontro de Satanás no deserto. E, como todos, procurou demonstrar que é através do diálogo com a sombra que é possível integrá-la, e não através da sua negação ou repressão.

Desde os primórdios, todo trabalho de desenvolvimento espiritual inicia pelo encontro da Sombra e do Mal. Os primeiros monges do terceiro século da nossa era iam para o deserto enfrentar os demônios e vencê-los.

Hoje não precisamos ir ao deserto para confrontá-los, pois os demônios se urbanizaram, se internalizaram. Não precisamos nem sair de nossas casas para encontrá-los.

Ao ler este texto, o que me chamou mais a atenção foi sua densidade e, ao mesmo tempo, sua fácil leitura. A importância do tema e da sua atualidade se destacam, à medida que prosseguimos na sua leitura: a necessidade de termos um mínimo de consciência da sombra e de termos integrado este arquétipo, para conseguirmos ter uma conduta ética.

A descoberta e o conhecimento do inconsciente está, para a psicologia profunda, assim como a descoberta da América para a História Moderna. E é importante notar que ela começa com o estudo sistemático da Sombra. A descrição e conscientização deste arquétipo, bem como de tantos outros, por Jung, representa um salto quantitativo de conhecimento da Psicologia Moderna. Poderíamos dizer que tudo começa no âmbito da Medicina e, mais especificamente, da Psicopatologia Psiquiátrica.

O estudo das doenças mentais iniciado pelos grandes psiquiatras do século XIX voltou a incorporá-las ao campo da medicina. Queriam tratá-las como faziam com as doenças do corpo. Foi quando surgiram grandes nomes como Anton Mesmer, Pierre Janet, Charcot, Freud e, no centro do nosso estudo, C.G. Jung.

A contribuição de C.G. Jung ao conhecimento da Psique e sua relação com o Universo foi imensa. Para citarmos apenas algumas, mencionaríamos os conceitos de complexos ideo-afetivos, o de arquétipos, inconsciente coletivo, Anima e Animus, Ego, Self, energia psíquica, função transcendente, símbolo, imagem arquetípica, imaginação ativa, e tantos outros.

Seus estudos iniciais estavam voltados aos aspectos pessoais da doença psíquica, e só posteriormente identificou e descreveu os aspectos coletivos do inconsciente, que chamou de inconsciente coletivo, e que seria formado pelos arquétipos.

Ao aprofundar seus estudos desse inconsciente coletivo, adentrou esse material que pertence ao patrimônio cultural e espiritual da humanidade, ou seja, os mitos, as religiões, a antropologia, as artes. Os arquétipos são centros energéticos situados entre a matéria e o psíquico, ponto de união entre o corpo e o espírito.

Ao avançarmos na leitura deste livro vamos percebendo o quanto vivemos num mundo excessivamente dividido, fragmentado e conflituoso, mas também que essas divisões entre espírito e matéria, bem e mal, entre certo e errado, são relativas, e que esse maniqueísmo é superficial e ilusório. Que, no fundo, estamos intimamente ligados com tudo e com todos, fazendo parte inseparável da vida universal e do Cosmos.

Questões universais como transformação, sofrimento, morte e renascimento, vão sendo levantadas, elaboradas e esclarecidas. Conteúdos inacessíveis à razão, como o irracional, são abordados através da linguagem simbólica, trazendo-os à consciência. O objetivo central que é a expansão e elevação do nível de consciência, tanto pessoal como coletivo, é mantido do início ao fim. Assim, vai ficando cada vez mais claro que o centro de nossas vidas é energia pura, é consciência absoluta, é o divino sempre presente.

Queria terminar esse prefácio chamando a atenção que este livro não é do interesse apenas do especialista, mas sim da pessoa comum, vivendo o seu cotidiano. Muito obrigado Vera por me incluir nesse seu belíssimo trabalho.

Glauco Ulson

1. FUNDAMENTOS E CONCEITOS TEÓRICOS DA PSICOLOGIA ANALÍTICA DE CARL GUSTAV JUNG

> *Para criar um inimigo*
> *Comece com uma tela em branco e delineie, num contorno geral, as formas de homens, mulheres e crianças. Mergulhe fundo no poço inconsciente da sua própria Sombra reprimida com um pincel largo e salpique os estranhos com o matiz sinistro da Sombra. Trace sobre o rosto do inimigo a avidez, o ódio e a negligência que você não ousa assumir como seus...*
>
> (Sam Keen)

Segue uma breve explanação dos principais conceitos junguianos, permitindo melhor compreensão deste trabalho.

Inconsciente

> Caos e noite, água e céu primordiais, terra, montanha e rocha - eis o ponto a partir do qual se inicia o crescimento de todos os seres vivos. Ocorre em todo lugar o processo mediante o qual a vida vegetativa brota das profundezas e das trevas noturnas primordiais, como plantas e árvores, como estrelas e ervas.[1]

No texto Memórias, sonhos e reflexões, Jung afirma que:

> Minha vida é a história de um inconsciente que se realizou. Tudo que nele repousa aspira a tornar-se acontecimento e a personalidade, por seu lado, quer evoluir a partir de suas condições inconscientes e experimentar-se como totalidade.[2]

---

1. NEUMANN, Erich. *A Grande Mãe*: um estudo fenomenológico da constituição feminina do inconsciente. 14. ed. São Paulo: Cultrix, 2006. P.229.

2. JUNG, Carl Gustav. *Memórias, Sonhos e Reflexões*. 13. ed. Rio de Janeiro: Nova Fronteira, 2006. p. 23.

É impossível determinar os limites no campo da consciência. No entanto, o atingimos quando o limite alcança o desconhecido, que é formado por tudo aquilo que ignoramos e que não se relaciona com o Eu.

> O desconhecido divide-se em dois grupos de objetos; os que são exteriores e os que seriam acessíveis pelos sentidos e dados interiores, que seriam objeto da experiência imediata. O primeiro grupo constitui o desconhecido do mundo exterior; o segundo, o desconhecido do mundo interior. Chamamos o inconsciente a este último campo.[3]

Boechat cita os diversos aspectos que o inconsciente tem nos mitos:

> O inconsciente tem diversas configurações nos mitos: o oceano sem limites, com suas profundidades, permeado de seres desconhecidos: Proteu, o de múltiplas formas, sereias tentadoras e tritões, ninfas, baleias (inclusive as que abrigaram Jonas e Pinóquio, bem como a grande baleia branca Moby Dick do marinheiro Ismael) e inumeráveis outros seres. (...) Também as florestas a serem exploradas, com seus animais fantásticos, gnomos e fadas, onde frequentemente os caçadores se perdem, tentando alcançar um cervo fugidio, as cavernas obscuras, criadoras e curativas, frequente abrigo dos heróis, representam no mito o inconsciente. Nas estórias de fada, como nos sonhos, grandes casas, com seus aposentos sempre a descobrir, também representam o inconsciente, que tem ainda inumeráveis outras representações míticas.[4]

O inconsciente possui duas camadas: uma delas é mais superficial, denominada inconsciente pessoal. A outra, o inconsciente coletivo, é profunda e inata e as suas características formais não são individuais, mas sim universais.

---

3. JUNG, Carl Gustav. *Aion*. Estudos sobre o simbolismo do Si-mesmo. 2. ed. Petrópolis: Vozes, 1988. p. 1, § 2.

4. BOECHAT, Walter. *A mitopoese da psique:* mito e individuação. 2. ed. Petrópolis: Vozes, 2009. p. 201.

> (...) esta camada mais profunda é o que chamamos inconsciente coletivo. Eu optei pelo termo "coletivo" pelo fato de o inconsciente não ser de natureza individual, mas universal; isto é, contrariamente à psique pessoal ele possui conteúdos e modos de comportamento, os quais são *cum grano salis* os mesmos em toda parte em todos os indivíduos. Em outras palavras, são idênticos em todos os seres humanos, constituindo, portanto um substrato psíquico comum de natureza psíquica suprapessoal que existe em cada indivíduo.[5]

A psique somente existe e é reconhecida conforme seus conteúdos sejam conscientizados. A comprovação da existência do inconsciente apenas pode ser feita se constatados os seus conteúdos.

> Os conteúdos do inconsciente pessoal são principalmente os complexos de tonalidade emocional, que constituem a intimidade pessoal da vida anímica. Os conteúdos do inconsciente coletivo, por outro lado, são chamados arquétipos.[6]

É importante frisar que os conteúdos do inconsciente coletivo originam-se na imagem primordial (arquétipo) e que os complexos de tonalidade emocional são conteúdos do inconsciente pessoal.

Arquétipos

> *Na verdade, todas as coisas movem-se dentro de vós em constante meio-enlace, as desejadas e as receadas, aquelas que vos repugnam e aquelas que vos atraem, aquelas de que fugis e aquelas que procurais. Essas coisas movem-se dentro de nós como luzes e sombras em pares estreitamente unidos.*
>
> (Gibran Khalil Gibran)

5. JUNG, Carl Gustav. *Os arquétipos e o inconsciente coletivo.* 1. ed. Petrópolis: Vozes, 2000. p. 15, § 3.

6. *Idem, ibidem*, p. 16, § 4.

Arquétipo é uma palavra de origem grega: *arché*, que significa principal ou princípio, assim como *tipós*, cuja tradução é impressão ou marca. Quando falamos sobre o inconsciente coletivo, estamos na realidade nos referindo aos arquétipos, ou seja, às imagens arcaicas primordiais que estiveram presentes na psique desde os tempos mais remotos.

No início da vida, o inconsciente, as imagens arquetípicas e os instintos dominam o ser humano em maior grau do que o consciente, do que os conceitos e a vontade do Eu. O homem, a princípio, vivencia o mundo como o inconsciente o percebe, e não como o consciente o experimenta, assim como não possui consciência de si como indivíduo, mas como parte de um grupo.

> (...) ele percebe o mundo não através das funções da consciência, como um mundo objetivo, o qual pressupõe a separação entre sujeito e objeto, mas sim mitologicamente, em imagens arquetípicas, em símbolos que são uma expressão espontânea do inconsciente e que ajudarão a psique a se orientar no mundo e que ainda, na qualidade de motivos mitológicos, irão configurar as mitologias de todos os povos.[7]

Os arquétipos são as estruturas básicas da psique para todos os seres humanos.

> O comportamento humano segue padrões que podem ser compreendidos de forma mais ou menos nítida pelos chamados arquétipos. Todos os seres humanos, independentemente de raça ou origem cultural, possuem os mesmos arquétipos, estruturas básicas da mente humana, os conteúdos do inconsciente coletivo, como o chamou Jung.[8]

Os padrões de comportamento são estipulados pelos instintos. O arquétipo age como um campo magnético dirigindo um comportamento instintivo. Além disso, ele organiza o material psíquico como imagens-símbolo.

7. NEUMANN, Eric. *A Grande Mãe*: um estudo fenomenológico da constituição feminina do inconsciente. 14. ed. São Paulo: Cultrix, 2006. p. 28.

8. BOECHAT, Walter. *A mitopoese da psique:* mito e individuação. 2. ed. Petrópolis: Vozes, 2009. p. 56.

> O arquétipo representa essencialmente um conteúdo inconsciente, o qual se modifica através de sua conscientização e percepção, assumindo matizes que variam de acordo com a consciência individual na qual se manifesta.[9]

Os arquétipos existem de modo pré-consciente e, provavelmente, as estruturas dominantes da psique se formam por meio deles.

> Os arquétipos são anteriores à consciência e, provavelmente, são eles que formam as dominantes estruturas da psique em geral, assemelhando-se ao sistema axial dos cristais que existe em potência na água-mãe, mas não é diretamente perceptível pela observação.[10]

Como os arquétipos procedem do inconsciente, quando seus efeitos se tornam conscientes são percebidos como algo numinoso. Segundo Rudolph Otto[11], a palavra numinoso expressa a consciência que está no fundamento da experiência do sagrado e, portanto, a constituição de um *misterium tremendum* que inspira veneração e temor.

> O arquétipo, onde quer que se manifeste, tem um caráter compulsivo, precisamente por proceder do inconsciente; quando seus efeitos se tornam conscientes, caracteriza-se pelo aspecto numinoso. (...) Eles aparecem sempre associados ao sentimento de presença de algo numinoso. (...) Quanto mais claro se torna o arquétipo, mais fortemente se faz sentir o seu *fascinosum* e sua respectiva formulação com algo "demoníaco", (no sentido de ser sobrenatural), ou como "divino".[12]

---

9. JUNG, Carl Gustav. *Os arquétipos e o inconsciente coletivo.* 1. ed. Petrópolis: Vozes, 2000. p. 17, § 6.

10. JUNG, Carl Gustav. *Interpretação psicológica do Dogma da Trindade.* 9. ed. Petrópolis: Vozes, 2012. p. 54 (nota de rodapé 2).

11. OTTO, Rudolf. *O Sagrado.* 1. ed. Petrópolis: Vozes, 2007. p. 82 (originalmente publicado em 1917).

12. JUNG, Carl Gustav. *Interpretação psicológica do Dogma da Trindade.* 9. ed. Petrópolis: Vozes, 2012. p. 54, § 222; p. 55, § 222; p. 56, § 223.

Quando as pessoas têm sonhos arquetípicos, por exemplo, podem ficar inteiramente fascinadas e os imaginam como algo sobrenatural, um aviso ou uma iluminação.

Os arquétipos mobilizam também o tipo de criação artística.

Segundo Edinger, Jung faz distinção entre dois tipos de criação artística: a psicológica e a visionária. Acerca da última, ele escreve:

> Trata-se de uma experiência primordial que ultrapassa o entendimento do homem e diante da qual ele, em sua fraqueza, facilmente pode sucumbir. A própria enormidade da experiência lhe confere o seu valor e o seu impacto dilacerante. Sublime, prenhe de sentido, no entanto a gelar o sangue com sua estranheza, vem ela à luz de profundos sem termos... Em contraste, o método psicológico da criação artística se ocupa das experiências do primeiro plano da vida. Estas jamais rasgam a cortina que vela o cosmo; não ultrapassam os limites de nossas capacidades humanas... Porém, as experiências primordiais rasgam de alto a baixo a cortina em que está pintada a figura de um mundo ordenado, e permitem um vislumbre do abismo insondável do ainda não nascido e das coisas por vir...[13]

A energia psíquica concentrada em seu estado potencial se atualiza e toma forma. Assim é obtida uma imagem arquetípica. Esta imagem não pode ser chamada de arquétipo, pois o mesmo é uma virtualidade.

> As imagens simbólicas enquanto representações arquetípicas devem ser distinguidas do 'arquétipo em si'. O 'arquétipo em si' é 'um fator ininteligível, uma disposição que começa a atuar num dado momento do desenvolvimento da mente do indivíduo, em que ele passa a organizar o material da consciência em figuras definidas.[14]

---

13. EDINGER, Edward. *O encontro com o Self.* 10. ed. São Paulo: Cultrix, 1995. p. 15.
14. NEUMANN, Erich. *A Grande Mãe*: um estudo fenomenológico da constituição feminina do inconsciente. 14. ed. São Paulo: Cultrix, 2006. p. 21.

Sendo o arquétipo uma base psíquica comum a todos os seres humanos, é possível compreender porque existem temas idênticos nas artes, na filosofia, nos contos de fada, nos mitos, nos dogmas e ritos das religiões. Os arquétipos do inconsciente coletivo aparecem em diferentes épocas e lugares por intermédio de motivos mitológicos similares ou iguais.

> Na verdade, o tecido do qual são feitos os sonhos, as fantasias e a imaginação é o mesmo, pois é constituído pelos arquétipos. Os arquétipos constituem e são responsáveis pela faculdade mitopoética da mente humana, a sua faculdade criadora de mitos. Na conceituação de arquétipo, Jung lançou mão de disciplinas afins à psicologia, como o estudo de religiões comparadas, contos de fada e mitos. Nestas expressões simbólicas da alma coletiva pôde detectar imagens semelhantes às encontradas em seus próprios sonhos e de inúmeros pacientes.[15]

As imagens primordiais possuem profundidade e força de expressão e se manifestam por meio dos símbolos.

> O mitologema é a linguagem verdadeiramente originária de tais processos psíquicos e nenhuma formulação intelectual pode alcançar nem mesmo aproximadamente a plenitude e a força de expressão da imagem mítica. Trata-se de imagens originárias cuja melhor expressão é a imagística.[16]

Os arquétipos surgem espontaneamente do inconsciente, sem conhecimento consciente. Na obra de Nise da Silveira, há uma citação de Jung que afirma que os temas se repetem "nas produções do inconsciente de um modo geral – seja nos sonhos de pessoas normais, seja em delírios de loucos".[17]

Segundo Neumann, "a estrutura do arquétipo, por outro lado, é a com-

---

15. BOECHAT, Walter. *A mitopoese da psique:* mito e individuação. 2. ed. Petrópolis: Vozes, 2009. p. 56.
16. JUNG, Carl Gustav. *Psicologia e alquimia.* 4. ed. Petrópolis: Vozes, 1991. p. 36, § 28.
17. SILVEIRA, Nise da. *Jung:* vida e obra. 15. ed. Rio de Janeiro: Paz e Terra, 1996. p. 81.

plexa estrutura da organização psíquica, que abrange seu dinamismo, seu simbolismo e seu conteúdo significante, e cujo centro e fator unificador inapreensíveis são o próprio arquétipo".[18]

Todos os conteúdos inconscientes parecem ser representados por imagens, inclusive os instintos dominantes que possuem maior significação para a totalidade psíquica.

Os principais arquétipos são: o materno, o paterno, o herói, a criança, o sábio, a Persona, a Sombra, a *anima*, o *animus* e o Si-mesmo.

Complexos

> *E aqui, existe um mistério, e eu não compreendo: Sem esse toque de algo alheio e – até mesmo – selvagem, sem as terríveis energias do lado avesso da saúde, da sanidade e do juízo, nada funciona, nada pode funcionar. Pois afirmo que a bondade – aquilo que nós, em nosso eu diurno e comum, chamamos bondade: o comum, o decente – nada é sem os poderes ocultos que se despejam continuamente do lado da Sombra.*
>
> (Doris Lessing)

Os complexos são unidades vivas que contêm energia e existência autônoma. Chamados, por estas razões, de complexos autônomos. Formados por um núcleo dotado de carga afetiva intensa, associam-se a outros elementos que possuem similar tonalidade afetiva, ou seja, com representações, pensamentos e lembranças.

Conforme Nise da Silveira,[19] "a verdade é que não somos nós que temos o complexo, o complexo é que nos tem, que nos possui".

O complexo apresenta muitos graus de independência, pois isso decorre das conexões que fará com a totalidade da organização psíquica. Absor-

---

18. NEUMANN, Erich. *A Grande Mãe*: um estudo fenomenológico da constituição feminina do inconsciente. 14. ed. São Paulo: Cultrix, 2006. p. 20.

19. SILVEIRA, Nise da. *Jung*: vida e obra. 15. ed. Rio de Janeiro: Paz e Terra, 1996. p. 34.

ve todo o fenômeno psíquico que ocorre em seu campo de atração.

Ainda, segundo esta autora: "O complexo interfere na vida consciente, leva-nos a cometer lapsos e gafes, perturba a memória, envolve-nos em situações contraditórias, arquiteta sonhos e sintomas neuróticos".[20]

Alguns complexos estão no inconsciente, em camadas tão profundas que não são notados; outros se manifestam a todo o momento, perturbando o equilíbrio psíquico; e alguns estão no consciente, porém não são assimilados, funcionando como autônomos, ou seja, segundo as suas próprias leis.

Prossegue a médica psiquiatra brasileira: "significam que existe algo conflitivo e inassimilado – talvez um obstáculo, mas também um estímulo para maiores esforços – e assim podem vir a ser uma abertura para novas possibilidades de realização".[21]

Apesar de exercer um papel negativo, os complexos também possuem uma função positiva e quando absorvem quantias exorbitantes de energia psíquica tornam-se patológicos.

> A constatação de que existem tipos bem caracterizados e facilmente reconhecíveis de complexos sugere que estes repousem sobre bases igualmente típicas. Tais bases seriam os arquétipos, isto é, os alicerces da vida psíquica comuns a todos os humanos cuja presença eterna é não visível. Visto nesta perspectiva, por trás de suas características exclusivamente pessoais, o complexo mostraria conexões com os arquétipos, ou seja, haveria sempre uma ligação entre as vivências individuais e as grandes experiências da humanidade.[22]

Os arquétipos servem de base para os complexos; por exemplo, sob a rede ardilosa do complexo materno e do complexo paterno percebe-se o arquétipo da mãe e o arquétipo do pai.

---

20. SILVEIRA, Nise da. *Jung:* vida e obra. 15. ed. Rio de Janeiro: Paz e Terra, 1996, p. 34.
21. *Idem, ibidem*, p. 35.
22. *Idem, ibidem*, p. 37.

Eu

Aquilo que não fazemos aflorar à consciência
aparece em nossas vidas como destino.
(Carl Gustav Jung)

Se considerarmos um imenso oceano e uma pequena ilha, podemos traçar um paralelo com o inconsciente e o consciente.

Os conteúdos psíquicos se relacionam com o Eu – que é o centro da consciência –, para tornarem-se conscientes. Os conteúdos que não são assimilados pelo Eu continuam fazendo parte do vasto inconsciente.

Jung afirma que: "em minha concepção, o ego é uma espécie de complexo, o mais próximo e valorizado que conhecemos. É sempre o centro de nossas atenções e de nossos desejos, sendo o cerne indispensável da consciência".[23]

Para que haja a impressão de continuidade e de identidade, apesar do Eu ser um complexo de inúmeros elementos, possui uma unidade coesa e, por isso, Jung constantemente usa a expressão 'complexo do Eu', em vez de Eu simplesmente.

> Quando indagamos qual poderá ser a natureza da consciência, o fato que mais nos impressiona – maravilha das maravilhas – é o de que um acontecimento que se produz no cosmo cria simultaneamente uma imagem em nós ou, de algum modo, se desenrola paralelamente tornando-se assim consciente.[24]

A consciência não cria a si mesma, origina-se de profundezas desconhecidas, de uma psique inconsciente, porém arcaica, que funciona com a consciência, ou apesar dela.

---

23. JUNG, Carl Gustav. *Fundamentos de psicologia analítica.* 3. ed. Petrópolis: Vozes, 1985. p. 7, § 19.

24. JUNG, Carl Gustav. *Memórias, Sonhos e Reflexões.* 13. ed. Rio de Janeiro: Nova Fronteira, 2006. p. 353.

Adler menciona que "antes de a criancinha se tornar consciente, ela já tinha um ego; esse ego 'nasceu' do inconsciente. Durante o sono, o ego retorna ao ventre da Grande Mãe, onde obtém alimento e renova suas forças".[25]

O Eu é a soma de nossas percepções e sentimentos conscientes e, em relação ao Si-mesmo, apresenta limitações por lidar com recursos disponíveis apenas na consciência e pelo fato de não divisar os conteúdos do inconsciente.

Quase tudo aquilo diretamente relacionado com o Eu é consciente.

Jung afirma: "Acontece também que motivos inconscientes muitas vezes triunfam sobre decisões conscientes, especialmente quando se trata das questões principais da vida".[26]

Para que a personalidade seja formada, aspectos dos arquétipos se unem ao Eu, sendo que um arquétipo pode dominar o Eu e até induzi-lo a agir em seu sentido.

O equilíbrio entre o Si-mesmo e o Eu propicia a reconciliação das polaridades, ou seja, o caminho da individuação, possibilitando a interação criativa entre o centro da consciência e o centro da psique, por meio da função transcendente.

Símbolo

Um indivíduo encontra sua descrição mais profunda no símbolo...
Este não apenas descreve um ser individual,
sua ontologia pessoal, mas o move na direção energética
de sua elaboração.
Encontramos nosso símbolo a partir de nosso mundo, e ele
se torna o sinal 'secreto' de cada um, nossa personalidade simbólica.
(Artur Burton)

---

25. NEUMANN, Erich. *A Grande Mãe*: um estudo fenomenológico da constituição feminina do inconsciente. 14. ed. São Paulo: Cultrix, 2006. (aba do livro) .

26. JUNG, Carl Gustav. *Os arquétipos e o inconsciente coletivo.* 1. ed. Petrópolis: Vozes, 2000. p. 275, $ 504 (Obras Completas).

Na linguagem comum, um símbolo pode significar uma metáfora, uma linguagem empregada em substituição a outro elemento para exprimir este último.

A expressão "psicologia profunda" é fundamentalmente a psicologia em que conteúdos da superfície da psique manifestam princípios que estão presentes na sua profundidade, ou seja, o símbolo é o elemento superficial que se encontra no lugar da essência situada na profundidade da psique. O símbolo, como manifestação do arquétipo, assume o significado de "revelação". Os símbolos arquetípicos exprimem temas relativos a contextos socioculturais que serviram de base a diversos mitos.

> (...) a importância do símbolo nas relações entre o mundo da consciência e o inconsciente. C.G. Jung lembra que a palavra símbolo vem do grego *symballein*, lançar junto. Na psicologia analítica de Jung aplica-se a categoria de símbolo a qualquer objeto que tenha função de um atrator e transformador de energia psíquica (...) ele terá sempre um lado conhecido, outro desconhecido, que aponta para o mistério ou para o inconsciente. Já C. G. Jung considera os sinais semióticos bem diferentes dos símbolos por terem um sentido único, unívoco. Os sinais de trânsito, por exemplo, não são símbolos, pois sua função é especificada e determinada, e assim deve ser para que eles evitem acidentes.[27]

O símbolo possui características atemporais. A psique do indivíduo pode ser profundamente transformada se o símbolo traz à consciência conteúdos arquetípicos, propiciando assim o autoconhecimento. O símbolo pode ser de natureza pessoal ou coletiva.

Os símbolos se relacionam com o Si-mesmo e não com o Eu individual. São encontrados elementos conscientes e inconscientes no símbolo, que podem ser elaborados rapidamente e apreendidos apenas no decorrer de um longo tempo de desenvolvimento. Há também aqueles que permanecem no inconsciente e não são assimilados.

---

27 BOECHAT, Walter. *A mitopoese da psique:* mito e individuação. 2. ed. Petrópolis: Vozes, 2009. p. 172-173.

> A função do caráter simbólico da imagem na psique é sempre agir profundamente sobre a consciência, 'de forma tão eficaz quanto possível' que, obrigatoriamente, a impressão lá permaneça. Assim, por exemplo, uma imagem psíquica cuja finalidade é suscitar a atenção da consciência para, digamos, provocar fuga, deve surtir um tal impacto que o seu efeito seja infalível. O grau de impressionabilidade, de significação, de carga energética e de numinosidade do símbolo-imagem arquetípico corresponde, portanto, ao valor original do instinto de sobrevivência do indivíduo.[28]

Assim como o arquétipo, o símbolo agrupa um componente dinâmico e um componente material. A totalidade da personalidade é estimulada pelo fascínio do símbolo, compelindo-o a ser interpretado pela consciência.

O processo de formação dos símbolos no inconsciente é a fonte do espírito humano. A religião, o rito e o culto, a arte e os costumes nascem do símbolo, assim como a consciência e os conceitos filosóficos. A língua também é, a princípio, uma linguagem simbólica, pois seu desenvolvimento histórico evolui com a consciência humana.

> (...) tendência dos símbolos em unir elementos contraditórios a partir de entrelaçamentos, sobreposições e intersecções, pondo assim em contato os vários domínios da vida. O símbolo indica, sugere e estimula. Dessa maneira, ele põe a consciência em movimento levando, com isso, ao emprego de todas as suas funções para uma assimilação do símbolo pois, com efeito, uma elaboração meramente conceitual do mesmo mostra-se totalmente ineficiente. O sentimento, a intuição e a sensação são igualmente envolvidos, de maneira mais ou menos intensa. Neste caso, o efeito do símbolo manifesta-se de maneira distinta no homem primitivo e no homem moderno.[29]

28 NEUMANN, Erich. *A Grande Mãe*: um estudo fenomenológico da constituição feminina do inconsciente. 14. ed. São Paulo: Cultrix, 2006. p. 20.

29 *Idem, ibidem*, p. 29.

Neumann expressa que o símbolo indica, sugere, estimula e une os elementos opostos, tendo como função unir o inconsciente à consciência.

> (...) comparamos os óbulos aos símbolos, por eles estarem ocorrendo na passagem entre o mundo de cima e o de baixo, entre o inconsciente e o consciente, e serem considerados fundamentais para que a passagem se dê. Sem os símbolos nenhum processo analítico é possível, pois o cliente acaba caindo em literalismos, fica só no mundo concreto, é incapaz de perceber as coisas simbolicamente. Isto é, é incapaz de descer ao mundo de Hades.[30]

Como Boechat afirma, é importante a elaboração simbólica na análise porque o paciente precisa se aprofundar e reconhecer os conteúdos da Sombra, que emergem, saem da escuridão e se tornam conscientes. Então a luz vem à tona, e o entendimento propicia a transformação.

Si-mesmo

> *Não sejas o de hoje.*
> *Não suspires por ontens.*
> *Não queiras ser o de amanhã.*
> *Faze-te sem limites no tempo.*
> *Vê a tua vida em todas as origens.*
> *...em todas as existências.*
> *Em todas as mortes.*
> *E sabe que serás assim para sempre.*
> *Não queiras marcar a tua passagem.*
> *Ela prossegue: é a passagem que se continua.*
> É a tua eternidade.
> É a eternidade.
> És tu.
>
> (Cecília Meireles)

30. BOECHAT, Walter. *A mitopoese da psique:* mito e individuação. 2. ed. Petrópolis: Vozes, 2009. p. 173.

Jung, ao estudar a psicologia do inconsciente, deparou-se com fatos que o levaram a elaborar novos conceitos, sendo um deles o Si-mesmo:

> Refiro-me, com isto, não a uma grandeza que venha a ocupar o lugar daquela até o momento designada pelo termo Eu, mas uma grandeza mais abrangente, que inclua o Eu.[31]

O Arquétipo Central, ou o Si-mesmo, é a unidade e a totalidade da psique, ou seja, é o centro organizador do consciente e do inconsciente, e o Eu é o centro da consciência. Quando a psique se desequilibra, o Si-mesmo mantém a unidade do sistema.

Jung afirma que "o Si-mesmo é por definição o centro e a circunferência dos sistemas conscientes e inconscientes".[32]

Por sua vez, Edinger preconiza que "o embate com ele é *mysterium tremendum*".[33]

De acordo com Erich Neumann:

> O Self fica escondido na Sombra; ela é a guardiã dos portais, a guardiã da entrada. O caminho para o Self é através dela; por trás do aspecto escuro que ela representa está o aspecto da totalidade, e é só fazendo amizade com a Sombra que ganhamos a amizade do Self.[34]

Segundo Edinger,[35] o Si-mesmo é uma personalidade maior e objetiva, enquanto o Eu é menor e subjetivo.

Este autor afirma que o embate com o Si-mesmo constitui uma derrota para o Eu, pois ele precisa estar a serviço do Si-mesmo.

---

31. JUNG, Carl Gustav. *Aion.* Estudos sobre o simbolismo do Si-mesmo. 2. ed. Petrópolis: Vozes, 1988. p. 1, § 1.

32. JUNG, Carl Gustav. *Psicologia e alquimia.* 4. ed. Petrópolis: Vozes, 1991. p. 216, § 310.

33. EDINGER, Edward. *O encontro com o Self.* 10. ed. São Paulo: Cultrix, 1995. p. 9.

34. NEUMANN, Erich. *Depth psychology and a new ethic.* Londres: Hodder & Stoughton, 1969. p. 40.

35. EDINGER, Edward. *O encontro com o Self.* 10. ed. São Paulo: Cultrix, 1995. p. 11.

> No inconsciente, existe um centro transpessoal de latente Consciência e de intencionalidade. A descoberta desse centro, que Jung chamou de Self, é como a descoberta de uma inteligência cósmica. Constitui ele a personalidade maior, objetiva, ao passo que o Ego é menor, subjetivo. O Self (Arquétipo Central) não pode ser distinguido da imagem de Deus. O homem agora não está mais sozinho na psique e no cosmo. As vicissitudes da vida se revestem de um sentido novo e ampliado. Os sonhos, as fantasias, a enfermidade, o acidental e o coincidente se tornam mensagens potenciais do Parceiro Invisível com quem compartilhamos nossa vida. Primeiro que tudo, o embate com o Self (Arquétipo Central) se constitui, na verdade, em uma derrota para o Ego; porém, com perseverança, *Deo volente*, das trevas é nascida à luz. A pessoa depara com a "Unidade Imortal" que fere e cura, que derruba e ergue, que engrandece e apequena – em uma palavra, com a Unidade que torna a pessoa como um todo.[36]

As mandalas são símbolos que representam o Si-mesmo. Jung costumava desenhá-las diariamente e, por meio delas, podia perceber o Si-mesmo.

> Só pouco a pouco compreendi o que significa propriamente a mandala: 'Formação-Transformação, eis a atividade eterna do eterno sentido'. A mandala exprime o si-mesmo, a totalidade da personalidade que, se tudo está bem, é harmoniosa, mas que não permite o auto-engano. Meus desenhos de mandalas eram criptogramas que me eram diariamente comunicados acerca do meu 'Si-mesmo'. Eu podia ver como meu 'Si-mesmo', isto é, minha totalidade, estava em ação. É verdade que inicialmente só podia compreender tal processo intuitivamente; entretanto os desenhos já me pareciam possuir o mais alto significado e eu os guardava como pérolas raras. Tinha o claro pressentimento de algo de central e, com o tempo, adquiri uma representação viva do Si-mesmo. Ele me aparecia como a mônada que sou e que é o meu mundo. A mandala representa esta mônada e corresponde à na-

36. EDINGER, Edward. *O encontro com o Self*. 10. ed. São Paulo: Cultrix, 1995. p. 11.

tureza microcósmica da alma. (...) exprime o centro que é a expressão de todos os caminhos: é o caminho que conduz ao centro, à individuação.[37]

A princípio tudo é Si-mesmo porque o centro é a totalidade do ser. Na primeira infância o Eu ou a consciência permanecem no inconsciente.

Sobre o Eixo Eu-Si-mesmo, Neumann aponta que:

> Enquanto mãe e filho ainda formam uma identidade indiferenciada, a relação primal funciona para a criança como possibilidade de relacionamento com seu próprio corpo, com seu Self, com o 'tu' e com o mundo, tudo ao mesmo tempo. A relação primal é a base ontogenética da experiência de estar-no-próprio-corpo, de estar-com-um-Self, de estar-unido, de estar-no-mundo.[38]

E, Neumann continua:

> A primeira fase do desenvolvimento da criança, por ser dominada pelo instinto de autopreservação e pelo impulso para o autodesenvolvimento, é pontuada pelo simbolismo da nutrição, pois alimento é não só a substância concreta de que se constrói o corpo, como também significa ao mesmo tempo vida, alegria de viver e intensificação do processo vital. Assim, o leite materno é muitíssimo mais que apenas um alimento concreto. É símbolo de um mundo amistoso, e, o que dá na mesma, do arquétipo da Grande Mãe. Simboliza a essência da união dual positiva e sua nutrição, satisfação da sede, segurança, calor, proteção, prazer, não-estar-sozinho, relacionamento, superação da dor e do desconforto, possibilidade de repouso e sono, um sentimento de estar em casa no mundo e na vida como um todo.[39]

---

37. JUNG, Carl Gustav. *Memórias, Sonhos e Reflexões.* 13. ed. Rio de Janeiro: Nova Fronteira, 2006. p. 225.

38. NEUMANN, Erich, *A Criança,* 10. ed. São Paulo: Cultrix, 1995. p. 25

39. *Idem, ibidem,* p.27

Segundo Edinger (1995, p.27)[40] o Si-mesmo nasce, mas o ego é construído.

Uma relação primal deficiente pode levar à dificuldade do Eu em se relacionar adequadamente com o Si-mesmo ocasionando uma patologia pelo incompleto e insuficiente desenvolvimento do Eu e da consciência, e um excesso nos mecanismos de defesa do Eu.

Jung avalia que "o 'eu' está para o 'si-mesmo' assim como o '*patiens*' está para o '*agens*', ou como o objeto está para o sujeito".[41]

O Eu necessita estar em união com o Si-mesmo, sendo que o Si-mesmo serve de apoio para que o Eu resista às tensões e mudanças necessárias que a vida impõe para evoluir, suportando as dificuldades vindas do movimento consciente e inconsciente.

A psique pode ficar exposta a graves disfunções como, por exemplo, o Eu não conseguindo agir como centro da consciência ou exercendo uma atitude inflacionada declinando da importância do Si-mesmo, tornando-se suscetível aos complexos autônomos.

Um desvio ou bloqueio do eixo Eu-Si-mesmo pode ocasionar a desagregação ou destruição da personalidade, causando uma neurose ou até mesmo uma psicose. Na individuação acontece o desenvolvimento da totalidade, tendo em vista a fusão entre o consciente e o inconsciente, e dessa forma o centro da psique como um todo passa a ser o Si-mesmo.

Na primeira metade da vida, o Eu possui uma aparente autonomia, mas na segunda metade o Eu e o Si-mesmo se aproximam novamente para a realização do processo de individuação. Na individuação a psique necessita da integração entre o consciente e o inconsciente. Tanto a estruturação quanto o desempenho do eixo Eu-Si-mesmo são essenciais para o processo de individuação.

No processo de individuação pode existir tensão entre o Eu e o Si-mesmo, pois as escolhas conscientes do Eu podem criar condutas opostas ao

---

40. EDINGER, Edward, *Ego e Arquétipo*, uma síntese fascinante dos conceitos psicológicos fundamentais de Jung, 10.ed. São Paulo: Cultrix, 1995. p. 27

41. JUNG, Carl Gustav. *Psicologia da religião ocidental e oriental.* 3. ed. Petrópolis: Vozes, 1988. p. 262, § 391.

Si-mesmo, com o objetivo de compensar a preferência original. Desse modo, a função transcendente aparece como um terceiro componente que provocará no Eu uma seleção e inclinação para uma escolha conciliadora.

> Esse novo produto de natureza mediadora fortalece o ego, pois lhe provê energia e amplia seu campo de ação, sendo por isso essencial para a individuação –a função transcendente serve de intermediária entre a pessoa e a possibilidade de mudança, fornecendo não uma resposta, mas sim uma escolha. [42]

Função transcendente

Qualquer árvore que queira tocar os céus
precisa ter raízes tão profundas a ponto de tocar os infernos.
(Carl Gustav Jung)

A função transcendente, segundo Jung, resulta da união dos conteúdos conscientes e inconscientes.

> Por função "transcendente" não se deve entender algo de misterioso e por assim dizer suprassensível ou metafísico, mas uma função que, por sua natureza, pode-se comparar com uma função matemática de igual denominação, e é uma função de números reais e imaginários. A função psicológica e "transcendente" resulta da união dos conteúdos conscientes e inconscientes.[43]

A função transcendente produz uma terceira via simbólica a partir dos opostos irreconciliáveis sob tensão.

Boechat cita a definição de Jung da função transcendente como

---

42. SAMUELS, A. *Jung e os pós-junguianos*. Rio de Janeiro: Imago, 1989. p. 80.
43. JUNG, Carl Gustav. *A natureza da psique*. 4. ed. Petrópolis: Vozes, 1998. p. 1, § 131.

> a função que tem o si-mesmo de produzir um terceiro a partir da tensão dos opostos irreconciliáveis, consciente e inconsciente. A função transcendente opera apresentando uma terceira via simbólica que soluciona criativamente a tensão dos opostos. A função mitopoética da psique é a função transcendente, pois opera por símbolos.[44]

Os conteúdos inconscientes são importantes para compensação da unilateralidade da consciência.

> A tendência do inconsciente e da consciência são os dois fatores que formam a função transcendente. É chamada transcendente, porque torna possível organicamente a passagem de uma atitude para outra, sem perda do inconsciente.[45]

O Eu na elaboração simbólica é guiado pela função transcendente em direção ao Si-mesmo. A função transcendente une as polaridades e permite que o Eu se desvincule dos seus significados comuns e descubra características não vivenciadas.

Anima e animus

> *"Da essência feminina guardas a chave.*
> *E, com segura mão manténs*
> *Se, com desvelo és tratado,*
> *Percorres com a mulher.*
> *Os tortuosos e intrincados caminhos*
> *Por onde se pode encontrar a brilhante tocha,*

44. BOECHAT, Walter. *A mitopoese da psique:* mito e individuação. 2. ed. Petrópolis: Vozes, 2009. p. 33.

45. JUNG, Carl Gustav. *A natureza da psique.* 4. ed. Petrópolis: Vozes, 1998. p. 6, § 145.

Que lhe devolve à palavra a lucidez.
Mas, se te desconhecem ...
Se estrangeiro permaneces em tua pátria
Tua luz devastadora arrebata
A presa incauta e louca
Lançando-a cegamente ao trágico destino."
(Otilia B. Rosário)

Jung, no texto 'Memórias, Sonhos e Reflexões', relata o início do sentimento da presença de uma mulher em seu íntimo, o que designou pelo termo de *anima*.

> Sentia-me extremamente interessado pelo fato de que uma mulher, que provinha de meu íntimo, se imiscuísse em meus pensamentos. Refleti que provavelmente se tratava da "alma", no sentido primitivo do termo e perguntei a mim mesmo porque a alma foi designada com o nome de *anima*. Por que é representada como sendo feminina? Compreendi mais tarde que esta figuração feminina em mim correspondia a uma personificação típica ou arquetípica no inconsciente do homem, designei-a pelo termo de *anima*. À figura correspondente no inconsciente da mulher chamei *animus*. (...) A ambiguidade da *anima*, mensageira da mente, pode aniquilar a alma de um homem de uma vez por todas. Mas o decisivo, em última instância, é sempre o consciente, pois é ele que deve compreender as manifestações do inconsciente e tomar posição frente a elas. Entretanto, a *anima* tem também um aspecto positivo, é ela que transmite ao consciente as imagens do inconsciente e é isto que me parecia o mais importante.[46]

O nome em latim *animus* significa espírito e *anima*, alma.

Tanto o corpo humano masculino quanto o feminino possuem genes masculinos e femininos e dependendo qual estiver na sua maioria o sexo

46. JUNG, Carl Gustav. *Memórias, Sonhos e Reflexões*. 13. ed. Rio de Janeiro: Nova Fronteira. 2006. p. 214.

é determinado, o que demonstra que a bissexualidade psíquica é gerada por um fato biológico. Mesmo antes de ser aceita pela ciência, havia a noção da bissexualidade no mito dos andróginos no Banquete de Platão. Os andróginos eram bissexuados, muito fortes e ágeis. Zeus teve medo destas criaturas e resolveu dividi-las ao meio, ou seja, em uma metade masculina e outra feminina. O mito fala da busca incessante de cada um por sua outra metade pois, como são incompletos, sentem solidão.

Existem genes femininos no corpo de cada homem que representam a *anima*, ou seja, a feminilidade inconsciente no homem. As experiências que o homem teve com a mulher durante a história da humanidade também compõe a *anima*, isto é, o arquétipo do feminino. A *anima* aparece nos sonhos, nos mitos, nos contos de fada etc. Pode emergir bela, imaculada e perfeita, assim como terrível e cruel.

Silveira afirma que, para Jung: "a *anima* é, presumivelmente, a representação psíquica da minoria de genes femininos presentes no corpo do homem".[47]

A primeira projeção da *anima* é a mãe, e por isso é idealizada pelo filho. A *anima* pode ser transferida em um segundo momento, para a professora, a artista, a cantora, ou a celebridade e, mais tarde, para a mulher pela qual o homem se apaixona ou se relaciona amorosamente. Estes relacionamentos apresentam oscilações causadas por decepções, uma vez que a mulher não corresponde à figura idealizada inconscientemente.

Na composição musical de Chico Buarque e Edu Lobo denominada "Ciranda da Bailarina", pode-se perceber que a bailarina é uma imagem idealizada da *anima*.

Ciranda da Bailarina
(Chico Buarque e Edu Lobo - 1982)

Procurando bem
Todo mundo tem pereba
Marca de bexiga ou vacina
E tem piriri, tem lombriga, tem ameba
Só a bailarina que não tem

47. SILVEIRA, Nise da. *Jung:* vida e obra. 15. ed. Rio de Janeiro: Paz e Terra, 1996. p. 98.

E não tem coceira
Verruga nem frieira
Nem falta de maneira
Ela não tem
Futucando bem
Todo mundo tem piolho
Ou tem cheiro de creolina
Todo mundo tem um irmão meio zarolho
Só a bailarina que não tem
Nem unha encardida
Nem dente com comida
Nem casca de ferida
Ela não tem
Não livra ninguém
Todo mundo tem remela
Quando acorda às seis da matina
Teve escarlatina
Ou tem febre amarela
Só a bailarina que não tem
Medo de subir, gente
Medo de cair, gente
Medo de vertigem
Quem não tem?
Confessando bem
Todo mundo faz pecado
Logo assim que a missa termina
Todo mundo tem um primeiro namorado
Só a bailarina que não tem
Sujo atrás da orelha
Bigode de groselha
Calcinha um pouco velha
Ela não tem
O padre também
Pode até ficar vermelho
Se o vento levanta a batina
Reparando bem, todo mundo tem pentelho
Só a bailarina que não tem
Sala sem mobília
Goteira na vasilha
Problema na família
Quem não tem
Procurando bem
Todo mundo tem...

Tentando analisar a letra da música, é possível associar a bailarina à *anima* de um homem apaixonado. Quando um homem se envolve profundamente com uma mulher que ele imagina ser ideal, projeta uma deusa, ou uma princesa, ou uma ninfa, ou uma bailarina que não possui Sombra. E nesta música todo mundo tem Sombra, somente a bailarina é que não a tem.

A efetivação da transferência da *anima* da mãe para outra mulher é muito importante para o desenvolvimento da psique masculina, porque caso não ocorra, a *anima* fica aprisionada na imagem materna e o homem espera atitudes protetoras da namorada, esposa ou amante.

Para Jung: "voltada para fora, a *anima* é volúvel, desmedida, caprichosa, descontrolada, emocional, às vezes demoniacamente intuitiva, indelicada, perversa, mentirosa, bruxa e mística".[48]

> Helena, como encarnação terrestre da própria Afrodite, foi uma *anima* importante, como causa original da guerra de Tróia. O troiano Páris raptou Helena e o grego Menelau, seu esposo, foi ao seu encalço ajudado por frota de navios comandados por Agamemnon. Beatriz, *anima* de Dante, o conduz ao paraíso na Divina Comédia. O cantor Orfeu não consegue resgatar sua *anima* Eurídice do reino dos mortos.[49]

A *anima,* se for confrontada e aceita pelo ego masculino, além de desempenhar a função intermediária entre o consciente e o inconsciente, também exercerá a função de relacionamento com o mundo exterior pela aceitação consciente do sentimento.

Sobre este tema, Jung continua: "a *anima*, sendo feminina, é a figura que compensa a consciência masculina. Na mulher, a figura compensadora é de caráter masculino, podendo ser designada pelo nome de *animus*".[50]

No corpo de cada mulher existe uma minoria de genes masculinos.

---

48. JUNG, Carl Gustav. *Os arquétipos e o inconsciente coletivo.* 1. ed. Petrópolis: Vozes, 2000. p. 129, § 223.

49. BOECHAT, Walter. *A mitopoese da psique:* mito e individuação. 2. ed. Petrópolis: Vozes, 2009. p. 195.

50. JUNG, Carl Gustav. *O eu e o inconsciente.* 23. ed. Petrópolis: Vozes, 2011. p. 96, § 328.

O princípio masculino na psique da mulher foi denominado por Jung de *animus* que, apesar de se opor à natureza feminina, como é inconsciente, pode aparecer como intelectualidade inadequada e não fundamentada.

> Nas mulheres intelectuais o *animus* origina um tipo de argumentação e raciocínio que pretende ser intelectual e crítico, mas na realidade consiste essencialmente em converter algum detalhe sem importância num absurdo argumento principal (...) inconscientemente, tais mulheres só procuram irritar o homem, sucumbindo ao *animus* por completo. [51]

As experiências que a mulher teve com o homem durante a história da humanidade também compõem o *animus*, isto é, o arquétipo do masculino. O *animus* aparece nos sonhos, nos mitos e nos contos de fada etc. Pode emergir de diversas formas: príncipes, heróis, bandidos, magos, atores etc.

> Evidentemente o *animus* é projetado com a mesma frequência que a *anima*. Os homens adequados para projeção são imagens vivas do bom Deus, sabem absolutamente tudo, ou são reformadores incompreendidos, cujo rico vocabulário é composto de palavras de vento; são especialistas em traduzir toda a espécie de coisas humanas, demasiado humanas em termos bombásticos da "experiência fecunda" (...) têm um fraco pelas palavras difíceis e desconhecidas, agradável sucedâneo da odiosa reflexão.[52]

A primeira projeção do *animus* é o pai e, por isso, é idealizado pela filha. O *animus* pode ser transferido em um segundo momento, para o professor, o artista, o cantor.

Quando a mulher projeta o *animus* no homem amado, a imagem se torna idealizada e por ser irreal acaba gerando decepções, e então as frustrações ocorrem na vida dos casais.

---

51. JUNG, Carl Gustav. *O eu e o inconsciente*. 23. ed. Petrópolis: Vozes, 2011. p. 99 §335.
52. *Idem, ibidem*, p. 98, § 333.

O *animus* é o mediador entre o consciente e o inconsciente, com funções importantes a realizar. Quando o *animus* é confrontado e integrado pelo consciente, a mulher adquire autoconhecimento e aprende a criticar opiniões.

> A mulher deve aprender a criticá-las e mantê-las à distância não com o intuito de reprimi-las, mas investigar-lhes a procedência; penetrando mais fundo em seu obscuro recesso, deparará com as imagens originárias, do mesmo modo que o homem ao explicar-se com a *anima*.[53]

Para a personalidade desabrochar é necessário destruir a personificação da *anima* e do *animus*. Quando conscientizados, são o elo para o inconsciente.

> Habitam uma esfera de penumbra, e dificilmente percebemos que ambos, *anima* e *animus*, são complexos autônomos que constituem uma função psicológica do homem e da mulher. Sua autonomia e falta de desenvolvimento usurpa, ou melhor, retém o pleno desabrochar de uma personalidade. Entretanto, já podemos antever a possibilidade de destruir a sua personificação, pois os conscientizando podemos convertê-los em pontes que nos conduzem ao inconsciente.[54]

Boechat preconiza que "a integração da *anima*, o *mysterium coniunctionis*, é o dinamismo central no processo de individuação".[55]

A conscientização do *animus* e da *anima* propicia o contato profundo com o inconsciente, e a integração do *animus* e da *anima*, na alquimia, é o *mysterium coniunctionis*.

---

53. JUNG, Carl Gustav. *O eu e o inconsciente*. 23. ed. Petrópolis: Vozes, 2011. p. 99, § 336.

54. *Idem, ibidem*, p. 101, § 339.

55. BOECHAT, Walter. *A mitopoese da psique:* mito e individuação. 2. ed. Petrópolis: Vozes, 2009. p. 86.

Individuação

A fonte secreta de vossa alma precisa brotar e correr,
murmurando, para o mar;
E o tesouro de vossas profundezas ilimitadas precisa
revelar-se a vossos olhos.

(Gibran Khalil Gibran)

A individuação pode ser traduzida como tornar-se sua essência ou a realização do Si-mesmo. É um processo de desenvolvimento pessoal em que a criatura se torna um indivíduo, indiviso e integrado.

> O processo de individuação é o eixo teórico do pensamento Junguiano. Descreve o processo pelo qual cada indivíduo vem a ser o que realmente é. Ele se torna realmente um *in-dividuum*, uma totalidade indivisível. Por esse processo simbólico as potencialidades individuais são atualizadas ao nível consciente. Isso porque, na perspectiva junguiana, o indivíduo não nasce uma *tabula rasa*, mas tem suas potencialidades individuais já pré-figuradas em seu genoma, cuja representação psicológica foi definida por Jung como o arquétipo do si-mesmo.[56]

Como Boechat afirma, o ser humano não nasce como uma *tabula rasa*, possui capacidades individuais latentes.

> O processo de individuação não consiste num desenvolvimento linear. É um movimento de circunvolução que conduz a um novo centro psíquico. Jung denominou esse centro self (si-mesmo). Quando consciente e inconsciente vem ordenar-se em torno do self, a personalidade completa-se. O self será o centro da personalidade total, como o ego é o centro do campo do consciente.[57]

56. BOECHAT, Walter. *A mitopoese da psique:* mito e individuação. 2. ed. Petrópolis: Vozes, 2009. p. 202.

57. SILVEIRA, Nise da. *Jung:* vida e obra. 15. ed. Rio de Janeiro: Paz e Terra, 1996. p. 91.

A individuação é um processo inerente a todo ser humano. É necessário desenvolver-nos para perceber nosso potencial, conhecendo o próprio Eu, diferenciando e integrando todas as instâncias psíquicas: a Persona, o Eu, a Sombra, a *Anima* ou *Animus*, e liberando o eixo Eu-Si-mesmo, desenvolvendo-se espiritual e coletivamente.

Um exemplo de individuação pode ser visto na história de Jó.

> A resposta a Jó, de C.G. Jung, confirmou a história de Jó como sendo crucial para a psique do homem moderno. Com a nossa atenção concentrada nesse tema, podemos ver agora mais claramente a relevância das outras interpretações que teve nos tempos modernos, como, por exemplo, o Fausto de Goethe, o Mobydick de Melville e as Ilustrações do Jó de Blake.[58]

É importante novamente frisar a relevância da história de Jó para Jung, principalmente por servir de modelo para o homem moderno. Segundo Edinger, Jung nos conta que: "(...) o Livro de Jó serve como paradigma para uma determinada experiência de Deus, que tem uma significação especial a nós outros nos dias de hoje".[59]

> Em outras palavras, a história de Jó é uma imagem arquetípica que retrata um certo tipo de embate entre o Ego e o Self. Esse embate característico pode ser chamado de o arquétipo de Jó. As principais características do arquétipo de Jó são: 1) um embate entre o Ego e a Personalidade Maior (Deus, Anjo, Ser Superior); 2) uma chaga ou o sofrimento do Ego como resultado do embate; 3) a perseverança do Ego que resiste ao ordálio e que persiste em escrutar a experiência em busca do sentido dela; e 4) uma revelação divina por via da qual o Ego é recompensado com alguma introvisão na psique transpessoal.[60]

---

58. EDINGER, Edward. *O encontro com o Self.* 10. ed. São Paulo: Cultrix, 1995. p. 13.
59. *Idem, ibidem*, p. 13.
60. *Idem, ibidem*, p. 14.

Outras pessoas notáveis são exemplos dignos de citação porque também passaram pelo processo de individuação:

> Além do Livro de Jó, muitos outros há que são exemplos desse arquétipo. Por exemplo, eu mencionaria os seguintes: Jacó e o Anjo de Yahweh, Arjuna e Krishna, Paulo e Cristo, Moisés e El-Khidr, Fausto e Mefistófeles, o capitão Ahab e Moby Dick, Nietzsche e Zaratustra, Jung e Filêmon.[61]

Na história de Jó, o Eu tem um conflito com o Si-mesmo. O Eu apegando-se à "sua integridade" passa a ter a compreensão do Si-mesmo.

> O Livro de Jó representa um embate decisivo do Ego individual com o Self, a Personalidade Maior. O Ego é ferido nesse embate, provocando uma descida ao inconsciente, uma *nekyia*. Devido ao fato de Jó perseverar no questionamento do sentido da experiência, sua resignação é recompensada com uma revelação divina. Ao Ego, por apegar-se firmemente à sua integridade, é concedido uma compreensão do Self.[62]

Jó vive o processo de individuação porque perde a identificação com a Persona de homem bondoso.

Boechat defende que "o confronto direto com um novo conteúdo arquetípico (belíssimo deus adormecido) normalmente é impossível ao ego adaptado pela persona ao cotidiano da vida da consciência".[63]

Jó consegue fazer o confronto direto com o arquétipo da totalidade, vivencia sofrimentos terríveis, e o confronto do Eu com a Sombra permite que ele consiga transformar os aspectos negativos, integrando os positivos de sua personalidade e passando a completar o eixo Eu–Si-mesmo.

> Temos nos tornado em participantes da vida divina, e temos de assumir uma nova responsabilidade, a saber,

---

61. EDINGER, Edward. *O encontro com o Self.* 10. ed. São Paulo: Cultrix, 1995. p. 14.

62. *Idem.*

63. BOECHAT, Walter. *A mitopoese da psique:* mito e individuação. 2. ed. Petrópolis: Vozes, 2009. p. 126.

> a continuação da divina compreensão do self, que a si própria exprime na empreitada da nossa individuação. A individuação não significa apenas que o homem se tem tornado verdadeiramente humano como distinto do animal, porém, que ele está para se tornar também parcialmente divino. Isso praticamente significa que ele se torna adulto, responsável pela sua existência, sabendo que não só depende de Deus, mas que Deus também depende do homem.[64]

O bem e o mal

> *Tenciono agora fazer o jogo da vida, ser receptivo a tudo que me chegar, bem e mal, sol e Sombra alternando-se eternamente; e, desta forma, aceitar também minha própria natureza, com seus aspectos positivos e negativos...*
>
> (Carl Gustav Jung)

Existem pessoas que se julgam bondosas e iluminadas, podendo ter aspectos sombrios e, por isso, entrariam em conflito com a consciência que têm de si. Ao contrário, existem pessoas cuja Sombra possui aspectos luminosos, como é o caso de Santo Agostinho.

> Sua juventude foi marcada pelas más escolhas que o levaram por caminhos viciosos e a satisfação de prazeres, buscando sempre ser agradável aos olhos dos homens. (...) É interessante o pensamento de Santo Agostinho quando ele fala sobre os sonhos, ele diz que controla seus pensamentos, suas ações durante a vigília, mas durante o sono os sonhos o invadem de forma incontrolável até mesmo fazendo com que ele aceite e se deleite em sonhos luxuriosos. A ilusão da imagem possui tanto poder na minha alma e na minha carne, que, quando

64. JUNG, Carl Gustav. Letters. ADLER, G.; JAFFÉ, A. (Orgs.). *Princeton University Press*, Princeton, Bollingen Series XCV, v. 2, p. 316, 1972.

> durmo, falsos fantasmas me persuadem a ações a que, acordado, nem sequer as realidades me podem persuadir. E ainda se questiona: "Meu Deus e Senhor, não sou eu o mesmo nessas ocasiões?"[65]

A Sombra, segundo a psicologia junguiana, é o Arquétipo do Diabo, ou seja, o mal seria uma condição permanente do ser humano. Contudo, nem todos concordam com este conceito. Existe a ideia, desde Santo Agostinho, conhecida como a doutrina da *Privatio Boni*, que é a ausência do bem. Este conceito sugere que o mal poderia ser erradicado por boas ações. Em *Aion*, Jung critica tal pensamento, expondo:

> (...) existe uma tendência a priori no sentido de dar preferência ao "bem", e isto através de todos os meios próprios e impróprios de que se dispõe. Por isso, aferrando-se à doutrina da *privatio boni*, a Metafísica cristã expressa a tendência de aumentar cada vez mais o bem e de diminuir o mal. A *privatio boni* pode ser, portanto, metafisicamente verdadeira. Mas, de minha parte, não ouso formular nenhum juízo a esse respeito. Devo apenas insistir que, no campo de nossas experiências, o branco e o preto, a luz e as trevas, o bem e o mal, são pares de contrários, sendo que um sempre pressupõe o outro.[66]

Jung concorda com a ideia de Agostinho, de que todas as naturezas são boas, mas afirma que contêm maldade também, negando que o bem tenha origem em Deus e o mal se origine do homem.

> Desta tendência de negar é que provém, possivelmente, o princípio: *Omne bonum a Deo, omne malum ab homine* (todo bem provém de Deus e todo mal do homem). Isto representa uma verdadeira contradição relativamente à verdade segundo a qual quem criou o

65. NUNES, Helen Ferreira. *Ensaio sobre o Livro X de "Confissões"*. Ouro Preto: Universidade Federal de Ouro Preto.2014, p. 6.

66. JUNG, Carl Gustav. *Aion*. Estudos sobre o simbolismo do Si-mesmo. 2. ed. Petrópolis: Vozes, 1988. p. 50, § 98.

> calor também é o responsável pela existência do frio (isto é, da *bonitas inferiorum* - da bondade das coisas inferiores). Podemos, naturalmente, concordar com Agostinho quando afirma que todas as naturezas são boas, mas não suficientemente boas para que a sua maldade também não seja patente.[67]

Jung afirma que para a psicologia o bom e o mau são relativos, uma vez que lidam com o julgamento subjetivo e definem determinadas relações de valor. O mau é o outro extremo do bom, assim como o frio está para o quente, o dia está para a noite, o nascimento está para a morte e o bem está para o mal. E cita que existem coisas muito perigosas na natureza humana que são más para quem está no alvo.

> A psicologia ignora o que é bom e o que é mau em si mesmo. Ela só conhece estas coisas como juízos de relação: bom é o que parece conveniente, aceitável ou valioso sob um certo ponto de vista; mau é o inverso disto. Se o que chamamos bom, é realmente "bom", então, consequentemente, existe algo de mau, um mau que é "real" para nós. Vemos, portanto, que a psicologia lida com um julgamento mais ou menos subjetivo, isto é, com um contraste psíquico imprescindível para a definição de determinadas relações de valor: bom é o que não é ruim, e ruim o que não é bom. Existem coisas que são extremamente más, isto é, perigosas, sob um determinado ponto de vista. Existem também coisas desta espécie na natureza humana, que são muito perigosas e, por isso mesmo, parecem más àquele que está situado no eixo do tiro. Não tem sentido dissimular esse mal sob cores atraentes, pois isso só serviria para nos embalar numa segurança ilusória.[68]

Jung segue indicando que existe uma maldade ilimitada na natureza humana e somente a inconsciência não conhece o que é bem e o que é mal. A psicologia necessita ignorar se o bem ou o mal prevalece no mundo.

---

67. JUNG, Carl Gustav. *Aion*. Estudos sobre o simbolismo do Si-mesmo. 2. ed. Petrópolis: Vozes, 1988. p. 49, § 95.

68. JUNG, Carl Gustav. *Aion*. Estudos sobre o simbolismo do Si-mesmo. 2. ed. Petrópolis: Vozes, 1988. p. 49, § 97.

Ninguém consegue saber com precisão a definição do que é bem e ninguém pode se colocar além do bem e do mal.

> (..) A natureza humana é capaz de uma maldade sem limites e as ações más são tão reais quanto as boas, tão vasto é o campo da experiência humana: o que significa que é de forma espontânea que a alma emite o julgamento decisivo. Só a inconsciência desconhece o bem e o mal. No âmbito da psicologia ignora-se sinceramente o que prepondera no mundo: se o bem ou o mal. Espera-se apenas que seja o bem, isto é, aquilo que nos parece conveniente. Pessoa alguma jamais teria condições de definir o que é bem de modo geral. Nenhum conhecimento claro da relatividade e da caducidade do juízo moral é capaz de nos livrar desta limitação, e aqueles que se consideram situados para além do bem e do mal, via de regra, são os importunos mais incômodos da humanidade, que se contorcem no tormento e no medo da própria febre.[69]

Segundo Jung, o mal está dentro do homem e é um perigo real que não pode ser ignorado ou visto como inexistente.

> O bem não se torna melhor, mas pior, quando se exagera o seu valor, e um mal de pouca monta se torna grande, quando se lhe não presta a devida atenção e é recalcado. A sombra é uma componente da natureza humana e só à noite não tem sombra. Por isso a sombra é um problema.[70]

É importante que não haja negação com relação ao mal:

> Hoje, como em todas as épocas, é necessário que o homem não feche os olhos para o perigo do mal que está à espreita dentro dele mesmo. Infelizmente este perigo é demasiado real, e por isto a psicologia deve insistir na realidade do mal e refutar qualquer definição que deseje conceber o mal como algo sem importância ou mesmo como não existente.[71]

---

69. JUNG, Carl Gustav. *Aion.* Estudos sobre o simbolismo do Si-mesmo. 2. ed. Petrópolis: Vozes, 1988. p. 50, § 97.

70. JUNG, Carl Gustav. *Interpretação psicológica do Dogma da Trindade.* 9. ed. Petrópolis: Vozes, 2012. p. 103, § 286.

71. JUNG, Carl Gustav. *Aion.* Estudos sobre o simbolismo do Si-mesmo. 2. ed. Petrópolis: Vozes, 1988. p. 50, § 98.

Jung, no texto seguinte, demonstra que a Sombra não se identifica completamente com o mal porque é composta de boas qualidades, impulsos criadores etc.

> Se antes era admitido que a sombra humana representasse a fonte de todo o mal, agora é possível, olhando mais a cura da mente, descobrir que o homem inconsciente, precisamente a sombra, não é composto apenas de tendências moralmente repreensíveis, mas também de um certo número de boas qualidades, instintos normais, reações apropriadas, percepções realistas, impulsos criadores etc.[72]

É necessário reconhecer as boas qualidades existentes na Sombra, pois a percepção da realidade e a criatividade podem ser encontradas no inconsciente, nos conteúdos sombrios.

Persona

Em tempos de trevas, os olhos começam a ver.
Encontro a minha Sombra na obscuridade
que se adensa...
Escura é a minha luz e mais escuro o meu desejo.
A minha alma, qual mosca de verão desvairada,
No parapeito zumbe sem cessar. Que "eu" sou eu?
Um homem caído que tenta ultrapassar o seu medo.
A mente entra em si e Deus entra na mente,
E um é Um, livre no vento impetuoso.
(Theodore Roethke)

72. JUNG, Carl Gustav. *Aion*. Estudos sobre o simbolismo do Si-mesmo. 2. ed. Petrópolis: Vozes, 1988. p. 254, § 422.

No processo de individuação, um importante passo é a retirada da máscara social, ou seja, a Persona é definida como sendo o modo pelo qual as pessoas se apresentam aos outros. Muitas vezes esta forma é completamente diferente do Eu real. A Persona pode servir de proteção em algumas fases da vida, apesar de ocultar a verdadeira personalidade.

Sobre a Persona, Jung descreve:

> (...) é um complexo sistema de relações entre a consciência individual e a sociedade, um tipo de máscara bastante adequada que se destina, por um lado, a causar uma impressão definida nos outros e, por outro, a ocultar a verdadeira natureza do indivíduo.[73]

A Persona é a máscara social. O problema é a identificação do Eu com a Persona.

> Um caso frequente é a identificação com a persona, que é o sistema de adaptação ou estilo de nossa relação com o mundo. Assim sendo, quase todas as profissões têm a sua persona característica. Tais coisas são fáceis de estudar atualmente, uma vez que as pessoas públicas aparecem frequentemente na imprensa. O mundo exige algum tipo de comportamento e os profissionais se esforçam por corresponder a tais expectativas. O único perigo é identificar-se com a persona como, por exemplo, o professor com seu manual, o tenor com sua voz; daí a desgraça.[74]

Machado de Assis redigiu um conto[75] sobre um alferes de nome Jacobina, que havia perdido sua "alma exterior", ou Persona, ligada ao status e ao prestígio social.

O conto relata que Jacobina teve uma infância pobre e aos 25 anos foi

73. CONGER, John P. O corpo como sombra. In: ZWEIG, Connie; ABRAMS, Jeremiah (Orgs.). *et al. Ao encontro da Sombra*: o potencial oculto do lado escuro da natureza humana. 9. ed. São Paulo: Cultrix, 1999. p. 109.

74. JUNG, Carl Gustav. *Os arquétipos e o inconsciente coletivo*. 1. ed. Petrópolis: Vozes, 2000. p. 128, § 221.

75. ASSIS, Machado de. *50 contos*. 3. reimpressão. São Paulo: Companhia das Letras, 2007. p. 154.

nomeado alferes da Guarda Nacional. Sua família tinha muito orgulho de sua patente. Um dia foi visitar sua tia que morava em um sítio, sendo muito bem acolhido por ela em função de seu status. Jacobina ficou hospedado em um quarto onde havia um grande espelho. Ali, todos os dias, ele admirava a sua alma exterior. Um dia sua tia precisou viajar e ele ficou com a incumbência de cuidar do sítio, colocando assim sua farda no armário. Após alguns dias, aproveitando a ausência da patroa, os escravos fugiram. Jacobina ficou sozinho e passou os dias na Sombra da solidão, angustiado por ter perdido sua alma exterior. Quando foi se admirar no espelho, percebeu sua imagem distorcida e estranha, e sentiu que estava se alienando de si mesmo. Jacobina vestiu a farda imediatamente e, olhando no espelho, novamente se reconheceu. Recuperou então sua alma exterior que preenchia sua alma interior, conseguindo evitar a solidão nos dias que prosseguiram.

Machado de Assis demonstra no conto que a nossa "alma exterior", ou Persona – a imagem que os outros têm de nós –, às vezes pode ser mais importante para o Eu do que para a nossa alma interior, ou seja, nossa real personalidade.

A Persona aparece em um sonho de uma paciente, Silvia, que usava a máscara de boazinha pela identificação com a mãe e como papel complementar ao autoritarismo do pai. Silvia teve o seguinte sonho: "Estou usando uma máscara, estou andando normalmente ao lado de pessoas na rua. Entro em um banheiro, olho no espelho e vejo uma máscara grudada na pele do meu rosto. Lavo e tiro". Este sonho relata a decomposição da falsa Persona de Silvia.

Como manifesta Sanford: "A integração da Sombra sempre coincide com a dissolução da falsa persona".[76]

> Como seu nome revela, ela é uma simples máscara da psique coletiva, máscara que aparenta uma individualidade, procurando convencer os outros e a si mesma que é uma individualidade, quando, na realidade, não passa de um papel, no qual fala a psique coletiva.[77]

---

76. SANFORD, John. Dr. Jekyll e Mr. Hyde. In: ZWEIG, Connie; ABRAMS, Jeremiah (Orgs.). *et al. Ao encontro da Sombra*: o potencial oculto do lado escuro da natureza humana. 9. ed. São Paulo: Cultrix, 1999. Cap. 5, p. 52.

77. JUNG, Carl Gustav. *O eu e o inconsciente*. 23. ed. Petrópolis: Vozes, 2011. p. 46, § 245.

Para nos relacionarmos com outras pessoas, temos que usar a Persona, pois podemos nos prejudicar social ou profissionalmente se formos autênticos, embora isso possa ser possível dependendo da confiança e do vínculo que temos com o outro. Entretanto, como mencionado anteriormente, não devemos nos identificar com essa máscara, uma vez que deixaremos de ser nós mesmos e passaremos a viver um personagem.

Sombra

> *Para ser curado, o conflito projetado deve voltar à psique do indivíduo, onde teve seu princípio inconsciente. Ele deve celebrar uma Última Ceia consigo mesmo, comer sua própria carne e beber seu próprio sangue; isso significa que ele deve reconhecer e aceitar o outro que há em si mesmo... Será esse, talvez, o sentido do ensinamento de Cristo, de que cada um deve carregar sua própria cruz? Pois, se tivermos que suportar a nós mesmos, como seremos capazes de lacerar os outros?*
>
> (Carl Gustav Jung)

A Psicologia Analítica de Carl Gustav Jung demonstra a necessidade do confronto com o arquétipo da Sombra para que sejamos conduzidos ao processo de individuação, atingindo assim a consciência de totalidade, ou seja, o encontro com o Arquétipo Central, o Si-mesmo.

Paulo de Tarso disse: "Não faço o bem que eu quero, mas pratico o mal que não quero" (Romanos, 7:19).

A Sombra é um arquétipo e, como tal, faz parte da psique do ser humano. Para Jung, este arquétipo foi herdado das formas inferiores de vida por meio da longa evolução, que culminou no ser humano.

> A sombra é aquela personalidade oculta, recalcada, frequentemente inferior e carregada de culpabilidade, cujas ramificações extremas remontam ao reino de nossos ancestrais animalescos, englobando também todo o aspecto histórico do inconsciente.[78]

Para Hall, Lindzey e Campbell: "A sombra, com seus instintos animais vitais e apaixonados, dá à personalidade uma qualidade encorpada ou tridimensional. Ela ajuda a completar a pessoa inteira".[79]

A Sombra necessita ser identificada, elaborada e transformada. No entanto, geralmente o que ocorre é a projeção dela.

Costuma-se atribuir essas qualidades negativas aos nossos inimigos ou rivais, fazendo uma projeção.

> É de fundamental importância o conhecimento do conceito de "projeção". Assim como o aparelho cinematográfico projeta uma imagem que está atrás do espectador na tela à sua frente – o "plano de projeção" – da mesma forma os conteúdos do inconsciente são inicialmente 'projetados' indiretamente como conteúdos do 'mundo exterior', e não vivenciados diretamente como conteúdos do inconsciente. Assim, por exemplo, um 'demônio' não se refere a uma parte da pessoa para quem ele surge, mas é visto como um ser que existe no mundo exterior, onde atua.[80]

Cotidianamente nos deparamos com a dificuldade de perceber nossos complexos e costumamos projetá-los no outro.

> Quando ocorre uma projeção de sombra, não somos capazes de diferenciar entre a realidade da outra pessoa e nossos próprios complexos. Não conseguimos distinguir entre fato e fantasia. Não conseguimos ver onde começamos e onde o outro termina. Não conseguimos

78. JUNG, Carl Gustav. *Aion*. Estudos sobre o simbolismo do Si-mesmo. 2. ed. Petrópolis: Vozes, 1988. p. 254, § 422.

79. HALL, Calvin S.; LINDZEY, Gardner; CAMPBELL, John B. *Teoria da personalidade*. 4. ed. Porto Alegre: Artmed, 2000. p. 92.

80. NEUMANN, Erich. *A Grande Mãe*: um estudo fenomenológico da constituição feminina do inconsciente. 14. ed. São Paulo: Cultrix, 2006. p. 32.

ver o outro; nem a nós mesmos.[81]

O psicólogo Rollo May cita que:

> A percepção de que a existência humana é composta de alegrias e de aflições é um pré-requisito para aceitarmos a responsabilidade pelas consequências das nossas intenções. Minhas intenções às vezes podem ser más - o dragão ou a esfinge dentro de mim estão rugindo e, ocasionalmente, se expressam - mas devo fazer o melhor possível para aceitá-las como parte de mim mesmo em vez de projetá-las sobre você.[82]

Quando as pessoas têm dificuldade de entrar em contato com a Sombra e enxergam seus próprios defeitos nos outros, se percebem "sem Sombra".

> O "homem sem sombra", com efeito, é o tipo humano estatisticamente mais comum, alguém que acredita ser apenas aquilo que gostaria de saber a respeito de si mesmo. Infelizmente, nem o chamado homem religioso nem o homem de mentalidade científica constituem exceção a esta regra.[83]

Quando paramos de projetar nossa Sombra em outras pessoas, fazemos um trabalho social, político e espiritual.

Carl Gustav Jung teve um sonho sobre luz e Sombra, que é relatado em sua autobiografia Memórias, sonhos e reflexões:

> Era noite. Num lugar desconhecido eu avançava com muita dificuldade contra uma forte tempestade. Havia um denso nevoeiro. Eu segurava e protegia com as mãos uma pequena luz que ameaçava extinguir-se a qualquer mo-

81. WHITMONT, Edward C. A evolução da sombra. In: ZWEIG, Connie; ABRAMS, Jeremiah (Orgs.). *et al. Ao encontro da Sombra:* o potencial oculto do lado escuro da natureza humana. 9. ed. São Paulo: Cultrix, 1999. p. 37

82. MAY, Rollo. Os perigos da inocência. In: ZWEIG, Connie; ABRAMS, Jeremiah (Orgs.). *et al. Ao encontro da Sombra:* o potencial oculto do lado escuro da natureza humana. 9. ed. São Paulo: Cultrix. 1999. p. 195.

83. JUNG, Carl Gustav. *A natureza da psique*. 4. ed. Petrópolis: Vozes, 1998. p. 145, § 409.

> mento. Sentia que precisava de a manter acesa, pois tudo dependia disso. De súbito, tive a sensação de que estava a ser seguido. Olhei para trás e percebi uma gigantesca forma escura que seguia os meus passos. Mas, no mesmo instante, tive consciência, apesar do meu terror, de que precisava atravessar a noite e o vento com a minha pequena luz, sem levar em conta perigo algum. Ao acordar, percebi de imediato que tinha sonhado com a minha própria Sombra, projetada no nevoeiro pela pequena luz que eu transportava. Entendi que essa pequena luz era a minha consciência, a única luz que possuo. Embora infinitamente pequena e frágil em comparação com os poderes das trevas, ela ainda é uma luz, a minha única luz.[84]

A formação da Sombra é inevitável e universal. Ela contém aquilo que somos e nos leva à confrontação dos nossos conteúdos sombrios e desconhecidos, aspectos negativos e positivos. Ao entrarmos em contato com ela, passamos a adquirir consciência destes aspectos e isto nos torna pessoas mais integradas.

E Jung ainda cita T. Wolff:

> por Sombra quero dizer o lado "negativo" da Personalidade, a soma de todas aquelas qualidades desagradáveis que gostaríamos de esconder, ao lado das funções insuficientemente desenvolvidas e os conteúdos do inconsciente pessoal.[85]

O ser humano identificado pela Sombra passa a ser seu próprio inimigo. Jung afirma que possuído pela Sombra, o homem cairá em suas próprias armadilhas.

> O obscuro que adere a cada personalidade é a porta de entrada para o consciente, o pórtico dos sonhos. Deles saem aquelas duas figuras crepusculares, a "sombra" e

84. JUNG, Carl Gustav. *Memórias, Sonhos e Reflexões*. 9. ed. Rio de Janeiro: Nova Fronteira, 1978. p. 86.

85. JUNG, Carl Gustav. *Psicologia do inconsciente*. 13. ed. Petrópolis: Vozes, 2001 . p. 58, (rodapé 5).

> a "anima", para entrar na parte noturna do sonho, nas visões oníricas, ou, permanecendo invisíveis, tomam posse da consciência do eu. Um ser humano possuído por sua sombra está postado em sua própria luz, caindo em suas próprias armadilhas. Sempre que possível, ele prefere exercer uma impressão desfavorável sobre os outros. Em geral, não tem sorte porque vive abaixo de si mesmo, e no máximo alcança o que não lhe convém. Onde não há soleira na qual possa tropeçar ele a constrói, imaginando ter feito algo útil.[86]

Escondemos nossos sentimentos, pensamentos e comportamentos negativos como a inveja, a ganância, o ódio, a mágoa, o ciúme, a predisposição ao homicídio e suicídio, que são denominados na psicologia junguiana como Sombra pessoal. Em 1945, Jung apresentou uma definição mais direta sobre a Sombra: "a coisa que uma pessoa não tem desejo de ser."[87]

> Nesta faixa mais profunda o indivíduo se comporta relativamente às suas emoções quase ou inteiramente descontroladas, mais ou menos como o primitivo que não só é vítima abúlica de seus afetos, mas principalmente revela uma incapacidade considerável de julgamento moral.[88]

A Sombra é difícil de ser revelada porque nosso moralismo ou nossos dogmas rígidos não permitem que tenhamos reconhecimento desse lado oculto que habita em nós. Quando nos encontramos com a Sombra e estabelecemos um vínculo contínuo com a mesma, o nosso Eu se renova e cresce harmonizando nossas ações conscientes junto ao inconsciente profundo.

Robbins cita que:

> O propósito de encontrar a sombra é estar no lugar certo da maneira certa. Quando mantemos um relacio-

86. JUNG, Carl Gustav. *Os arquétipos e o inconsciente coletivo*. 1. ed. Petrópolis: Vozes, 2000. p. 128, § 222 (Obras Completas).

87. JUNG, Carl Gustav. *Ab-reação, análise dos sonhos, transferência*.. 2. ed. Petrópolis: Vozes, 1990.p. 128 § 470.

88. JUNG, Carl Gustav. *Aion*. Estudos sobre o simbolismo do Si-mesmo. 2. ed. Petrópolis: Vozes, 1988. p. 7, § 15.

> namento adequado com ele, o inconsciente não é um monstro demoníaco; diz-nos Jung: "Ele só se torna perigoso quando a atenção consciente que lhe dedicamos é desesperadoramente errada".[89]

A maioria das pessoas prefere se idealizar como bondosas, honestas e habilidosas, mas também possuem defeitos que não são socialmente aceitos. Sobre este tema, Jung preconiza que "a sombra exprime aquilo que os gregos chamavam o *synopados*, 'aquele que segue atrás de nós', o sentimento de uma presença viva e inapreensível, e por isto é que as almas dos defuntos eram também chamadas de sombras".[90]

Jung expõe que a Sombra é "aquele que segue atrás de nós". Nos sonhos constantemente aparecem inimigos que nos perseguem, representando nossos conteúdos sombrios. O psiquiatra suíço continua: "O diabo é uma variante do arquétipo da Sombra, isto é, do aspecto perigoso da metade obscura, não reconhecida pela pessoa".

A Sombra é tudo o que não admitimos ser, isto é, impulsos e tendências, atitudes, memórias rejeitadas e valores que preferimos permanecerem ocultos. Até as nossas melhores qualidades podem estar escondidas, reprimidas e inconscientes.

A analista junguiana Liliane Frey-Rohn cita que:

> (...) esse escuro tesouro inclui a nossa porção infantil, nossos apegos emocionais e sintomas neuróticos, bem como nossos talentos e dons não desenvolvidos. A Sombra, diz ela, mantém contato com as profundezas perdidas da alma, com a vida e a vitalidade – o superior, o universalmente humano, sim, mesmo os criativos podem ser percebidos ali.[91]

À medida que entramos em contato com a Sombra nos tornamos conscientes de nossos sentimentos, tendências, fragilidades ou aptidões que havíamos rejeitado ou reprimido. Então conseguimos perceber em outras pesso-

---

89. ZWEIG, Connie; ABRAMS, Jeremiah (Orgs.). *et al. Ao encontro da Sombra*: o potencial oculto do lado escuro da natureza humana. 9. ed. São Paulo: Cultrix, 1999. p. 23.

90. JUNG, Carl Gustav. *A natureza da psique*. 4. ed. Petrópolis: Vozes, 1998. p. 290, § 665.

91. ZWEIG, Connie; ABRAMS, Jeremiah (Orgs.). *et al. Ao encontro da Sombra*: o po-

as as características que tínhamos dificuldades em admitir em nós mesmos.

Boechat defende que "o arquétipo da sombra aparece como o opositor em mitos. O mitologema dos irmãos traz com frequência a ideia da sombra com toda a sua dubiedade: os mais conhecidos Caim e Abel, e Seth que desmembra Osíris".[92]

A Sombra atua em nossas ações inconscientemente. Usamos nossos conteúdos sombrios quando queremos "brincar" com os outros, irônica e maliciosamente. Como a Sombra não é apenas uma força negativa na psique, quando admiramos alguém podemos estar idealizando e atribuindo ao outro nossos potenciais não desenvolvidos. Geralmente, quando reagimos ao comportamento dos outros, rejeitando ou admirando com intensidade, a nossa Sombra pode estar sendo negada e projetada. Preferimos projetar conteúdos da Sombra em bodes expiatórios porque temos dificuldade em assumir nosso lado escuro da alma.

> Todo indivíduo é acompanhado por uma Sombra, quanto menos ela estiver incorporada à sua vida consciente, tanto mais escura e espessa se tornará (...) Se as tendências reprimidas da Sombra fossem totalmente más, não haveria qualquer problema. Mas de um modo geral a Sombra é simplesmente vulgar, primitiva, inadequada e incômoda, e não de uma malignidade absoluta. Ela contém qualidades infantis e primitivas que, de algum modo, poderiam vivificar e embelezar a existência humana; mas o homem se choca contra as regras consagradas pela tradição.[93]

A Sombra precisa ser conscientizada e confrontada para que ocorra a transformação e a integração da psique. E, para que se consiga a constante interação entre o Eu e o Si-mesmo é necessário que grande parte dos complexos que são alijados na Sombra se tornem conscientes e que seus conteúdos sejam integrados.

---

tencial oculto do lado escuro da natureza humana. 9. ed. São Paulo: Cultrix, 1999. p. 16.

92. BOECHAT, Walter. *A mitopoese da psique:* mito e individuação. 2. ed. Petrópolis: Vozes, 2009. p. 204.

93. JUNG, Carl Gustav. *Psicologia da religião ocidental e oriental.* 3. ed. Petrópolis: Vozes, 1988. p. 75, § 131; p. 77 § 134.

> O objetivo de encontrar a Sombra é desenvolver um relacionamento progressivo com ela e expandir o nosso senso do eu alcançando o equilíbrio entre a unilateralidade das nossas atitudes conscientes e as nossas profundezas inconscientes.[94]
>
> Os pólos de opostos se referem à própria organização da consciência: o complexo egóico, como centro da consciência, se estrutura à medida que seu oposto, a sombra, também se organiza como uma contraparte inconsciente. O arquétipo da sombra nos acompanha durante todo o processo existencial. O processo de individuação ativado pela análise do inconsciente não consiste num livrar-se da sombra, mas num continuo confrontar-se com ela.[95]

Para caminhar em nosso processo de individuação, é necessário elaborar a Sombra, dessa forma nosso inconsciente será integrado à nossa consciência.

Aspectos positivos na Sombra

> *Não nos iluminamos imaginando figuras de luz, mas tomando consciência das trevas.*
>
> (Carl Gustav Jung)

Existem pessoas que se comprazem no mal e possuem Sombra positiva. Vivem a maldade na consciência e têm a bondade no inconsciente. A criatividade, a espiritualidade, a moral e a ética estão aprisionadas na Sombra dos malfeitores.

> (...) a sombra em geral é desajeitada, inferior e às vezes um tanto maléfica ou então é socialmente desadaptada.

94. ZWEIG, Connie; ABRAMS, Jeremiah (Orgs.). *et al. Ao encontro da Sombra*: o potencial oculto do lado escuro da natureza humana. 9. ed. São Paulo: Cultrix, 1999. p. 23.

95. BOECHAT, Walter. *A mitopoese da psique:* mito e individuação. 2. ed. Petrópolis: Vozes, 2009. p. 73.

> Mas nem sempre é assim. Há pessoas que preferem viver o lado pior da sua personalidade e, assim, têm uma sombra positiva. É o caso, por exemplo, dos delinquentes. Sua sombra é um homem bem-intencionado. Mas a norma é nos identificarmos com os traços mais positivos e desenvolvidos do nosso caráter, empurrando o lado inferior para a sombra.[96]

De acordo com Nise da Silveira, para Jung existem aspectos positivos na Sombra:

> Mas também na sombra poderão ser discernidos traços positivos: qualidades valiosas que não se desenvolveram devido a condições externas desfavoráveis ou porque o indivíduo não dispôs de energia suficiente para levá-las adiante, quando isso exigisse ultrapassar convenções vulgares.[97]

Whitmont considera a possibilidade da existência de uma Sombra positiva, que aparece quando nos identificamos com as qualidades negativas:

> A sombra é como que um composto das couraças pessoais dos nossos complexos e, portanto, portal de acesso a todas as experiências transpessoais mais profundas. Falando em termos práticos, é comum que a sombra apareça como uma personalidade inferior. No entanto, pode haver também uma sombra positiva, que surge quando tendemos a nos identificar com as nossas qualidades negativas e a reprimir nossas qualidades positivas.[98]

Nossas qualidades negativas, ao serem confrontadas e transformadas, são integradas como qualidades positivas. Além disso, temos também excelentes qualidades que estão latentes na Sombra e necessitam ser resgatadas pela consciência.

---

96. FRANZ, Marie-Louise von. *O caminho dos sonhos*. 10. ed. São Paulo: Cultrix, 1996. p. 55.
97. SILVEIRA, Nise da. *Jung*: vida e obra. 15. ed. Rio de Janeiro: Paz e Terra, 1996. p. 97.
98. WHITMONT, Edward C. A evolução da sombra. In: ZWEIG, Connie; ABRAMS, Jeremiah (Orgs.). *et al. Ao encontro da Sombra:* o potencial oculto do lado escuro da natureza humana. 9. ed. São Paulo: Cultrix, 1999. p. 36.

Sombra coletiva

> *Por detrás da escuridão reprimida e da sombra pessoal — aquilo que foi decomposto e está se decompondo, e aquilo que ainda não existe mas está germinando — existe a sombra arquetípica, o princípio do não-ser, que foi chamado e descrito como o Demônio, o Mal, o Pecado Original, a Morte, o Nada.*
> (James Hillman)

A Sombra não é somente pessoal, é também coletiva. Está ligada ao inconsciente coletivo; como mencionado anteriormente, é uma estrutura arquetípica.

> Em tempos remotos, o ser humano reconhecia as diversas dimensões da sombra: a pessoal, a coletiva, a familiar e a biológica. No dintel do templo de Apolo em Delfos - erigido na encosta do Monte Parnaso pelos gregos do período clássico e hoje destruído - os sacerdotes gravaram na pedra duas famosas inscrições, dois preceitos que ainda guardam imensa significação para nós nos dias de hoje. O primeiro deles, "Conhece-te a ti mesmo", (...) Conheça tudo sobre você mesmo, aconselhavam os sacerdotes do deus da luz. Poderíamos dizer: Conheça especialmente o lado escuro de você mesmo.[99]

A luz está para as trevas assim como o Eu está para a Sombra. Somos imperfeitos, e temos dificuldades em aceitar nossas imperfeições. Somos humanos e percebemos nossa humanidade porque somos agressivos, sentimos vergonha, culpa e dor.

---

99. ZWEIG, Connie; ABRAMS, Jeremiah (Orgs.). *et al. Ao encontro da Sombra*: o potencial oculto do lado escuro da natureza humana. 9. ed. São Paulo: Cultrix, 1999. p. 20.

> A sombra é conhecida por muitos nomes; o eu reprimido, o self inferior, o gêmeo (ou irmão) escuro das escrituras e mitos, o duplo, o eu rejeitado, o alter ego, o id. Quando nos vemos face a face com o nosso lado mais escuro, usamos metáforas para descrever esse encontro com a sombra: confronto com os nossos demônios, luta contra o diabo, descida aos infernos, noite escura da alma, crise da meia-idade.[100]

A Sombra nos possui? Temos consciência quando a Sombra se expressa?

> Todos nós possuímos uma sombra. Ou é a nossa sombra que nos possui? Carl Jung transformou essa questão em um enigma quando perguntou: "Como encontras o leão que te devorou?" Pois a sombra é por definição, inconsciente; nem sempre é possível saber se estamos ou não sob o domínio de alguma porção compulsiva dos conteúdos da nossa sombra.[101]

Quando não há conscientização da Sombra, ela fica oculta no inconsciente e forma uma personalidade autônoma. Está próxima da consciência, porém faz parte da psique inconsciente e, embora não seja aceita pela mente consciente, se expressa compensando aquilo que é aceitável.

Whitmont afirma sobre a Sombra:

> O termo refere-se à personalidade que foi reprimida em benefício do Eu ideal. Como tudo que é inconsciente é projetado, encontramos a sombra na projeção - na nossa visão de outra "pessoa". Como figura dos sonhos e fantasias, a sombra representa o inconsciente pessoal. Ela é como uma combinação das cascas pessoais dos nossos complexos e, portanto, o limiar de todas as experiências transpessoais.[102]

---

100. ZWEIG, Connie; ABRAMS, Jeremiah (Orgs.). *et al. Ao encontro da Sombra*: o potencial oculto do lado escuro da natureza humana. 9. ed. São Paulo: Cultrix, 1999. p. 27.

101. *Idem.*

102. WHITMONT, Edward C. *A busca do símbolo*. Conceitos básicos de psicologia analítica. São Paulo: Cultrix, 1990. Cap. 10, p. 144.

Na Sombra coletiva observamos a intolerância e o preconceito racial, social, sexual, religioso e político. Há também diversas manifestações preconceituosas homofóbicas, racistas, xenofóbicas e contra pessoas de religiões e classes diferentes.

A Sombra atinge implicações coletivas:

> Elas são espantosas, pois nelas estão as raízes do preconceito e da discriminação social, racial e nacional. Toda minoria, todo grupo dissidente, carrega a projeção da sombra da maioria – quer se trate de negros, brancos, de cristãos, de judeus, de italianos, de irlandeses, de chineses ou de franceses. Além disso, já que a sombra é o arquétipo do inimigo, é provável que sua projeção nos envolva nas mais sangrentas guerras, precisamente nas épocas de maior complacência a respeito da paz e da nossa própria retidão. O inimigo e o conflito com o inimigo são fatores arquetípicos, projeções da nossa cisão interior e não podem ser legislados ou simplesmente eliminados pela vontade.[103]

Podemos confrontar e tomar consciência da Sombra para curar a nossa cisão individual. Quando imaginamos que a Sombra foi eliminada, corremos perigo tanto individual quanto coletivamente, pois a projetamos no outro.

> A maldade humana nos encara de praticamente todas as partes: ela salta das manchetes dos jornais; vagueia pelas nossas ruas e, sem lar, dorme no vão das portas; entoca-se nas chamativas sex-shops das nossas cidades; desvia o dinheiro do sistema judiciário; conduz exércitos invasores através de densas florestas e áridos desertos; vende armamentos a líderes ensandecidos e repassa os lucros a insurgentes reacionários; por canos ocultos, despeja poluição em nossos rios e oceanos; com invisí-

103. WHITMONT, Edward C. A evolução da sombra. ZWEIG, Connie; ABRAMS, Jeremiah (Orgs.). *et al. Ao encontro da Sombra:* o potencial oculto do lado escuro da natureza humana. 9. ed. São Paulo: Cultrix, 1999. p. 42.

> veis pesticidas, envenena o nosso alimento.(...) Não há como evitar o assustador espectro de sombras satânicas mostrado por políticos coniventes, os colarinhos-brancos criminosos e terroristas fanáticos.[104]

Nos dias atuais temos visto uma necessidade desenfreada de poder, estimulando a competição e a cobiça. A ética social exige uma autenticidade pessoal. É necessário estar em alerta com os problemas sociais e políticos.

> Seria uma ilusão otimista presumir que o desaparecimento de um ou outro ditador resolve o dilema. Depois de Hitler veio Khomeini, depois do Vietnã tivemos a Polônia e El salvador. E depois o quê? O que dizer do clima de criminalidade, terrorismo, polarização e exploração racial de nossas comunidades, de nosso dia a dia?[105]

Hoje em dia não assistimos mais tanta violência e brutalidade como no passado, mas evoluímos no que diz respeito à moral e à ética, e não aceitamos mais estes comportamentos arcaicos, pois temos consciência de alteridade.

> Diante do estado atual de nosso desenvolvimento tecnológico, uma violência desenfreada pode representar a desintegração da estrutura social, um holocausto nuclear, o suicídio coletivo. Não obstante, não temos uma cura satisfatória para essa ameaça.[106]

Talvez a solução do problema seria a conscientização maciça da Sombra pessoal e da Sombra coletiva por meio da educação e da colocação de profissionais da psicologia, serviço social, sociologia, pedagogia em hospitais, presídios, escolas, creches, nas instituições governamentais etc.

---

104. ZWEIG, Connie; ABRAMS, Jeremiah (Orgs.). *et al. Ao encontro da Sombra*: o potencial oculto do lado escuro da natureza humana. 9. ed. São Paulo: Cultrix, 1999. p. 19.
105. WHITMONT, Edward C. *O retorno da deusa*. 1. ed. São Paulo: Summus, 1991. p. 30.
106. *Idem*.

[illegible] grande cão preto que entra em sua [illegible]

[illegible]

Fausto: Como te chamas? [illegible]

Mefistófeles: Pergunta [illegible]
Para quem [illegible] despreza [illegible]
Quem, [illegible]
[illegible]

Fausto: [illegible]

[illegible]

Mefistófeles: [illegible]
A tal ponto [illegible]
[illegible]

Fausto: [illegible]
[illegible] se com [illegible] te contentas.

119. GOETHE, J. W. *Fausto*. [illegible] ed. São Paulo: [illegible]

2. A MANIFESTAÇÃO DA SOMBRA NOS CASOS CLÍNICOS, NOS SONHOS, NA MITOLOGIA, NA ARTE E NA LITERATURA

A Sombra se esconde na vergonha, nos becos escuros, nas passagens secretas e nos sótãos fantasmagóricos de sua consciência. Ter um lado sombrio não é possuir uma falha, mas ser completo.
(Debbie Ford)

A Sombra como comprida sacola

Passamos nossa vida, até os 20 anos, decidindo quais as partes de nós mesmos que poremos na sacola, e passamos o resto da vida tentando retirá-las de lá.
(Robert Bly)

O poeta americano Robert Bly aponta que desde a infância guardamos nossa Sombra em uma sacola. Nela colocamos raiva, pensamentos reprimidos e sentimentos que tememos expressar. As sacolas têm conteúdos diferentes em cada cultura, e os humanos possuem sacolas mais ou menos do mesmo tamanho.

> Imagine um rapaz que lacra a sacola aos 20 e espera uns quinze ou vinte anos para reabri-la. O que ele irá encontrar? É triste, mas toda a sexualidade, selvageria, impulsividade, raiva e liberdade que ele colocou na sacola regrediram; não apenas seu temperamento se tornou primitivo como elas agora são hostis à pessoa que abre a sacola. O homem ou a mulher que abrem a sacola aos 45 anos sentem medo. Eles dão uma olhada e veem a sombra de um gorila se esgueirando contra a parede; ora, qualquer pessoa que veja uma coisa dessas fica aterrorizada![107]

107. BLY, Robert. A comprida sacola que arrastamos atrás de nós. In: ZWEIG, Connie;

Um trecho do poema de Bly:

> ...uma sombra onde
> o ladrão estremece, o insano devora a neve,
> negra laje sepulta no sonho o estrategista
> e o impiedoso cai de joelhos no calabouço do sono.[108]

Projetamos o conteúdo da Sombra "lá fora no mundo". Em vez de olharmos para dentro da nossa sacola, preferimos criticar o conteúdo da sacola dos outros. No entanto, de tanto projetar nossa Sombra, podemos até identificar a comprida sacola que arrastamos atrás de nós.

> Só podemos ver o conteúdo da sacola quando o lançamos — com a maior inocência, como costumamos dizer — lá fora no mundo. E então as aranhas se tornam más, as serpentes astuciosas e os bodes libidinosos; os homens tornam-se lineares, as mulheres passam a ser fracas, os russos deixam de ter princípios e todos os chineses se parecem. Apesar de tudo, é precisamente através desse "mar de lama" dispendioso, prejudicial, ruinoso e confuso que acabaremos por entrar em contato com a lama sob nossos pés.[109]

Robert Bly afirma que nossa comprida sacola pode ser conscientizada mesmo sendo projetada. Infelizmente existem pessoas que se comprazem em criticar a vida alheia e não conseguem perceber suas próprias qualidades negativas, não confrontando os aspectos sombrios. Percorrem uma existência sem conseguir resgatar os aspectos positivos da Sombra e não realizam o processo de individuação.

ABRAMS, Jeremiah (Orgs.). *et al. Ao encontro da Sombra*: o potencial oculto do lado escuro da natureza humana. 9. ed. São Paulo: Cultrix, 1999. p. 31.

108. BLY, Robert. A comprida sacola que arrastamos atrás de nós. In: ZWEIG, Connie; ABRAMS, Jeremiah (Orgs.). *et al. Ao encontro da Sombra*: o potencial oculto do lado escuro da natureza humana. 9. ed. São Paulo: Cultrix, 1999. p. 34.

109. *Idem, ibidem*, p. 36.

A Sombra na infância

> *Sua visão se tornará clara somente quando*
> *você olhar para dentro do seu coração.*
> *Quem olha para fora, sonha.*
> *Quem olha para dentro, acorda.*
> (Carl Gustav Jung)

Ainda com relação à Sombra, é necessário demonstrar como se forma nas crianças. Um bebê, logo ao nascer, pode demonstrar se é mais ou menos agressivo. Existem crianças que quando nascem choram muito e, quando acalmadas, após serem amamentadas, costumam dormir naturalmente. Através da força que a criança faz ao sugar o seio da mãe pode-se perceber uma agressividade mais ativa. Outros bebês nascem chorando pouco e têm dificuldade para sugar o leite materno, o que denota falta na expressão da agressividade. Contudo, podem ter a função de afetividade mais desenvolvida. Os bebês mais agressivos podem demonstrar facilidade quanto ao desenvolvimento normal da criança, isto é, serem mais ativos ao mamar, comer, chorar, engatinhar e andar. Entretanto, não se pode esquecer da importância da estimulação do comportamento do bebê, que é dada pelos pais ou seus substitutos.

> Potencialmente a personalidade de cada indivíduo já está presente nele no seu nascimento e cada um já vem ao mundo com um determinado equipamento arquetípico que, encontrando os estímulos adequados no meio ambiente, vai permitir a sua adaptação à realidade. Esse programa arquetípico que constitui nosso ser em potencial, ao qual Jung denominou Self ou Si-mesmo, abrange a personalidade total, com sua parte consciente e inconsciente.[110]

Embora haja estimulação externa, existe uma característica fundamental em cada criança com relação à agressividade ou afetividade e, além do

110. GRINBERG, Luiz Paulo. *O homem criativo*. 1. ed. São Paulo: FTD, 1997. p. 154.

comportamento inato e da estimulação, existem também as identificações primárias, isto é, o modelo parental com que a criança consciente ou inconscientemente se identifica.

> Ninguém negará que as interações entre a mãe, como cuidador primário, e a criança são de máxima necessidade para a vida psíquica da criança. Nesse ponto, pelo menos, todos aqueles que observam crianças estão de acordo, particularmente desde os resultados das pesquisas feitas por René Spitz. (...) Contudo, pesquisas com crianças modernas observaram um senso de self a partir do nascimento e investigaram com um bem sintonizado requinte como o relacionamento entre mãe e criança se diferencia e se transforma durante a maturação.[111]

Quando há fixação na Sombra, o comportamento inadequado torna-se repetitivo. Por exemplo, se uma criança em idade escolar sente dificuldade em expressar agressividade, provavelmente se comportará de forma inadequada, suscitando para si a agressividade defensiva ou destrutiva dos colegas por não saber se defender. Se for reforçado pelos pais ou educadores a não se defender, permitirá cada vez mais que o comportamento masoquista se evidencie pela dificuldade de ser assertivo ou de se defender com a agressividade criativa. Provavelmente os colegas que demonstram agressividade sádica, ou seja, agressividade compulsiva, farão facilmente um papel complementar ao atacar o menino, que apresenta passividade e submissão. A dificuldade de integração da agressividade criativa, que está fixada na Sombra, pode acompanhá-lo na adolescência e chegar até à idade adulta.

> As crianças a partir de aproximadamente os nove meses de idade podem registrar essa correspondência de afetos, ou seja, entre o próprio estado afetivo deles e a expressão de afeto no rosto de outra pessoa. A partir disso, pode se concluir que a criança é capaz de construir uma correspondência entre a sua própria experiência interna de afeto e um estado e sentimento que ele ou ela observa na outra pessoa. (...) A sintonia afetiva é

111. JACOBY, Mario. *Psicoterapia junguiana e a pesquisa contemporânea com crianças*. 1. ed. São Paulo: Paulus, 2010. p. 123.

> idêntica à sintonia emocional e é de importância decisiva pela maturação do senso de Self de uma pessoa. A sintonia afetiva entre o cuidador e a criança serve como a primeira e mais profunda e firmemente estabelecida influência na sua posterior maturação e desenvolvimento. Ela também compreende o início da socialização da criança.[112]

A criança necessita da aprovação constante da família e, quando não corresponde a esta expectativa, pode formar uma Persona de "boazinha", e seus sentimentos, pensamentos e comportamentos não adequados – socialmente falando – formarão a Sombra. Ocasionalmente, pode ocorrer da criança ser a projeção da Sombra dos outros, tornando-se dessa maneira o "bode expiatório" da família. A Sombra vai alijando o material reprimido. O desenvolvimento do Eu e da Persona é o resultado da interação entre a família, amigos, professores e outros de seu convívio social. A Sombra torna-se incompatível com a Persona e contrária aos padrões morais e sociais.

> Um passo decisivo para o desenvolvimento da criança durante a relação primal é a formação de um ego-integral-positivo, um ego capaz de assimilar e integrar as qualidades, até mesmo quando negativas ou desagradáveis, dos mundos interno e externo, tais como privações, dor etc. A mãe, funcionando como self compensatório, cuida para que — tanto quanto as circunstâncias da sua vida o permitam — os fatores negativos não predominem, e para que sejam substituídos e eclipsados, tão depressa quanto possível, por fatores positivos. Essa compensação abrange não só fatores objetivos, tais como o frio, a fome e a frustração, que são, todos eles, experimentados pela criança como fatores que pertencem ao mundo, mas se estende gradualmente a todas as experiências negativas que chegam à criança partindo de seu próprio interior, que no início são vivenciadas também como pressões vindas de fora, como é o caso do medo, da raiva e da dor. Através da função maternal de compensação e apaziguamento, a criança assimila em seu ego a tendência integral

112. JACOBY, Mario. *Psicoterapia junguiana e a pesquisa contemporânea com crianças*. 1. ed. São Paulo: Paulus, 2010. p. 125-127.

> positiva que a mãe exemplifica e cada vez mais encarna em seu contato com a criança. Dessa forma, emerge um ego integral-positivo capaz de integrar fatores positivos e negativos de tal maneira que a unidade da personalidade fica preservada e não dividida em partes antagônicas.[113]

É certo que a Sombra sempre há de existir em nossa personalidade. Para chegar a desenvolver uma personalidade consciente, precisamos nos identificar com alguma coisa, e isso implica a inevitável exclusão do seu oposto. É importante que, no processo de crescimento, as crianças se identifiquem com os atributos psicológicos apropriados e não com a Sombra; pois, se houver demasiada identificação com a Sombra, o ego terá um "pé torto", um defeito fatal. A individuação e a totalidade apenas são possíveis quando a personalidade consciente tem certa atitude moral. Se as pessoas se identificam abertamente com o seu lado traiçoeiro, desonesto ou violento, e não têm sentimento de culpa nem olham para dentro de si mesmas, a totalidade não consegue emergir. Ajudar os filhos a se desenvolverem corretamente a esse respeito, no entanto, não é nada simples. A pregação moralista por parte dos pais, da igreja, da sociedade etc., geralmente é ineficaz ou mesmo perigosa. Muito mais importante é o tipo de vida que os pais realmente levam e o grau de honestidade psicológica que possuem. A pregação moralista por parte de pais hipócritas é mais do que inútil.

> De importância ainda mais fundamental ao desenvolvimento da Sombra e à eventual resolução do problema da Sombra é a "ligação" que deve ocorrer entre pais e filhos. Desde cedo na vida, uma criança precisa ser ligada pelo amor à mãe e/ou ao pai, ou a um substituto adequado do pai ou da mãe. Desse modo, estão lançadas as bases da vida moral; pois, em última análise, a vida moral resume-se no relacionamento de uma pessoa com outras pessoas e na capacidade de sentimentos humanos. Em algumas crianças essa ligação nunca ocorre; nesse caso, as necessárias defesas emocionais contra o lado mais escuro da Sombra não existem ou

113. NEUMANN, Erich. *A criança.* 10. ed. São Paulo: Cultrix, 1995. p. 51.

> são frágeis. Isso pode levar ao desenvolvimento de personalidades criminosas ou sociopáticas, ou seja, à identificação do ego com a Sombra.[114]

Sanford cita a relevância do vínculo amoroso entre as crianças e os pais, que é a base da vida moral, para que não haja identificação do Eu com a Sombra.

A Sombra no filme "A Fantástica Fábrica de Chocolate"

O filme "A Fantástica Fábrica de Chocolate" (2005) foi refilmado nos Estados Unidos e dirigido por Tim Burton. As crianças, personagens do filme, demonstram nitidamente sua respectiva Sombra.

Willy Wonka (interpretado por Johnny Depp) é proprietário da maior fábrica de chocolates do planeta. Ele lança um concurso para escolher um herdeiro. Cinco crianças encontram um convite dourado nas barras de chocolate Wonka, dando o direito a uma visita à fábrica. O primeiro convite dourado foi encontrado por um menino "gorducho", cujos pais também eram obesos e gostavam de comer muito. Ele visitou a fábrica acompanhado pela mãe. O segundo convite dourado foi encontrado por uma menina muito rica, cujo pai comprou muitas caixas de barra de chocolate a fim de que a filha fosse contemplada. Ela era muito mimada por ele, que a acompanhou na visita. O terceiro convite foi encontrado por uma esportista da Geórgia, uma campeã júnior em mascar chiclete, que foi acompanhada pela mãe. O quarto convite foi encontrado no Colorado por Mike TV, um garoto que adorava tecnologia e jogos virtuais, cujo acompanhante na visita à fábrica foi o pai.

Havia um menino pobre chamado Charlie, que morava em uma casinha de madeira com o pai, a mãe e os quatro avós. O menino tinha muita vontade de encontrar um convite, principalmente porque seu avô havia trabalhado na fábrica de chocolate. A família passava por um momento

114. SANFORD, John A. Os pais e as sombras dos filhos. In: ZWEIG, Connie; ABRAMS, Jeremiah (Orgs.). *et al. Ao encontro da Sombra*: o potencial oculto do lado escuro da natureza humana. 9. ed. São Paulo: Cultrix, 1999. p. 80.

muito difícil, de miséria. Eles quase não tinham o que comer. O avô tinha algumas moedas guardadas e as deu para que o menino comprasse o chocolate, porém ele não encontrou o convite. No entanto, o menino achou um dinheiro na rua, comprou outro chocolate e encontrou o convite dourado. O avô ficou muito feliz, dançando de felicidade. Entretanto, Charlie disse que preferia vender o convite para ajudar a família, mas foi convencido a ficar com ele e convidou o avô para acompanhá-lo ao passeio.

Durante a visita à fábrica, Wonka mostrou a todos a floresta de doces e o rio de chocolate. Além disso, apresentou-lhes também seus empregados – anões indígenas adoradores de cacau que gostavam de trabalhar na fábrica e haviam sido condicionados para isso. Ao longo da visita, o "gorducho", pela voracidade e ânsia de sorver o chocolate, caiu no rio e foi sugado por uma máquina que o lançou para o outro lado da fábrica. A menina mimada quis ficar com um dos esquilos que trabalhavam tirando as cascas das nozes e foi atacada por eles. Caiu em um buraco e seu pai foi atrás. Os dois foram salvos em seguida. A menina esportista encontrou um chiclete azul e, mesmo sendo avisada para não mascá-lo, por teimosia o fez, inchando até virar uma bola de chiclete. Sua mãe a resgatou. O menino jogador se teletransportou para dentro de uma TV e, ao sair, precisou ser esticado pelo pai "como um caramelo". Wonka avisara as crianças do perigo, porém é possível inferir que sentia certo prazer ao vê-los sofrer – devido a uma identificação primária com a agressividade defensiva do pai.

Charlie com o avô foi o finalista e Willy Wonka o declarou seu herdeiro. No entanto, Wonka queria que o menino morasse com ele na fábrica e Charlie disse não queria ficar longe da família. O dono da fábrica, que foi uma criança muito reprimida pelo pai – um dentista muito rígido –, ficou decepcionado. Quando criança usava um aparelho ortodôntico enorme e era proibido de comer doce. Seu pai costumava mostrar-lhe bombons e balas, mas não o deixava comer e costumava jogar os doces na lareira. O primeiro doce que Wonka comeu foi o resto de um bombom queimado que sobrou da fogueira. Ele não tinha recebido amor na infância e queria um "filho adotivo" para compensar a criança interna rejeitada e agredida. Charlie sugere que ambos fossem à casa do pai de Wonka. O pai – dentista – o examina, e pelos dentes perfeitos reconhece o filho. Eles se abraçam e passam a ser amigos. Charlie ganha a fábrica e Wonka, uma família. Charlie demonstra afetividade e compaixão, pois sua família pobre, tinha muito amor.

O filme propicia importantes análises. Demonstra que a criança mimada obteve um excesso de afetividade e falta de limites, gerando agressividade compulsiva. Também manifesta que a criança gulosa não recebera limites.

A menina esportista – com fixação por mascar chiclete – não apresenta limites na agressividade, demonstrando arrogância e menosprezo pelos demais. O menino aficionado em videogames denota dependência por jogo, agressividade excessiva, falta de afeto e desrespeito pelos outros. Contudo, Charlie foi escolhido como herdeiro porque era uma criança educada, e tinha o amor dos pais e avós. A família dele era pobre, mas vivia unida por afeto, respeito mútuo e fraternidade. Wonka não havia tido amor paterno; ao contrário, foi educado com rigidez e agressividade compulsiva. A agressividade foi demonstrada principalmente pela escravidão de seus operários pigmeus em função do medo de sua fórmula ser roubada e pelo castigo que deu aos quatro visitantes. Wonka necessitava de carinho, sua criança interior havia sofrido muito pelo autoritarismo, pela crítica exacerbada e pela falta de afeto. O dono da fábrica projetou em Charlie a criança que gostaria de ser. Ao confrontar o pai, se transforma, e então pode amar e ser amado por Charlie e sua família.

A Sombra no conto de fadas "O Patinho Feio"

Por quanta dor deve o corpo passar para tornar a ser alma...
(Cristina Magnaghi)

"O Patinho Feio" é um conto de fadas do escritor dinamarquês Hans Christian Andersen, publicado pela primeira vez em 11 de Novembro de 1843 em *Nye Eventyr.*

Um ovo de cisne é chocado por uma pata em um ninho de patos. Ao nascer, o cisne era muito feio e se diferenciou dos patinhos que eram mais bonitos. Ele foi chamado de patinho feio e era ofendido e desprezado pelos outros patos e por outras aves. Contudo, como não era aceito pela pata e seus filhotes, resolveu fugir. Passou por muitos lugares, mas foi perseguido e maltratado por onde passava. Finalmente foi encontrado por uma família de camponeses que cuidou dele durante o inverno.

Com a chegada da primavera, o patinho feio foi colocado em um lago e, de repente, notou que era um cisne, passando a nadar junto com um bando deles, sendo reconhecido como o mais belo de todos. Foi então invejado pelos patos e viveu feliz com seus semelhantes.

Sobre este conto, Boechat aponta que: "O patinho se descobre um belíssimo cisne, e não o patinho marginalizado pelo seu grupo (encontro com o Si-mesmo)".[115]

O patinho lembra a criança com complexo de inferioridade e baixa autoestima que, ao crescer, transforma-se em um adolescente e um adulto lindo, admirado por todos. O complexo de inferioridade em uma criança pode advir da rejeição, abandono ou críticas destrutivas pelos pais ou substitutos paternos. Pode também decorrer de maus tratos pelos familiares ou *bullying* de colegas.

Uma infância e adolescência bem formadas, com casal parental que educa com amor, ou seja, com afeto e limites bem estabelecidos, origina uma personalidade bem constituída e fundamentada. O adulto assim alicerçado provavelmente terá boa autoestima e facilidade para integrar a Sombra no processo de individuação.

A Sombra no filme "O Mágico de Oz"

"O Mágico de Oz", no Brasil, ou "O Feiticeiro de Oz", em Portugal, é o nome pelo qual é conhecido o personagem fictício dos livros da série sobre a Terra de Oz, do escritor norte americano L. Frank Baum, que assume o papel de bruxo para dominar e ser reconhecido. Filme de 1939.

Personagens:

---

115. BOECHAT, Walter. *A mitopoese da psique:* mito e individuação. 2. ed. Petrópolis: Vozes, 2009. p. 199.

Dorothy Gale - Judy Garland
Mágico de OZ - Frank Morgan
Bruxa Malvada do Oeste - Margareth Hamilton
Homem de Lata - Jack Haley
Glinda, a bruxa boa do Sul - Billie Burke
Espantalho - Ray Bolger
Leão covarde - Berth Lahr

Dorothy, uma garota de 12 anos, vivia em uma fazenda no Kansas com sua Tia Ema e seu Tio Henrique.

Um dia passeando com seu cachorrinho, começou a formar-se um tornado. Ela correu para se esconder no abrigo subterrâneo, porém não deu tempo pois a casa foi levada pelos ares, aterrissando em uma terra desconhecida. A casa, ela e o cachorrinho Totó caíram em cima da Bruxa Malvada do Leste, que amaldiçoava a localidade. Várias pessoas a aclamaram como heroína por salvar suas vidas da servidão da bruxa. Quem a recebeu carinhosamente foi a Bruxa Boa do Norte.

Dorothy estava desesperada para voltar para casa. Recebeu então orientação para procurar ajuda com o feiticeiro ou Mágico de Oz, na Cidade das Esmeraldas. Depois de ganhar os sapatos encantados que pertenciam a Bruxa Má, começou uma jornada incansável para encontrar uma forma de voltar à sua terra natal. O caminho era fácil, bastava seguir a estrada de tijolos amarelos que cortava o país, um lugar além do arco-íris. Usando o par de sapatinhos vermelhos, Dorothy partiu com seu fiel Totó.

No caminho, encontrou um Espantalho que lhe dissera ser muito chato ter pássaros em volta de si, fazendo barulho. Por isso queria acompanhá-la para que o Mágico de Oz lhe conseguisse um cérebro. Dorothy aceitou a companhia do Espantalho e seguiram pela estrada. Começou a chover muito e foram pedir abrigo batendo na porta de uma choupana. Como não havia ninguém e a porta estava entreaberta, resolveram ficar para descansar. Escutaram um pedido de ajuda, alguém gritava: "Socorro". Era um homem de lata que, ao cortar uma árvore em meio a um temporal, a chuva deixou paralisado. Ele pediu uma lata de óleo que estava na choupana para desenferrujar suas juntas. Ao saber que Dorothy e o Espantalho iriam até o Mágico de Oz, resolveu acompanhá-los para pedir um coração.

Mais adiante encontraram um Leão que urrava e assustava os viajantes.

Ele levou uma bronca de Dorothy e passou a chorar porque na realidade não tinha coragem. Assim, também foi convidado a ir até o Feiticeiro de Oz.

Os cinco amigos viajaram muitos dias pela estrada de tijolos amarelos. Depois de várias aventuras, chegaram ao castelo do Mágico de Oz. Um de cada vez foi levado à sala do trono para falar com ele. O mágico exigiu, para atender os pedidos de cada um, que eles se livrassem da perigosa Bruxa Má do Oeste que o infernizava.

Como os quatro não tinham opção, aceitaram o perigoso desafio. A terrível bruxa se defendeu enviando seus lobos contra eles, mas o Homem de Lata matou todos com seu machado. No dia seguinte, a bruxa enviou seus corvos selvagens para atacarem Dorothy e seus amigos. O Espantalho enfrentou os corvos e torceu o pescoço de um por um. A Fada Má ficou furiosa e enviou seus macacos alados que levaram Dorothy, Totó, o Leão, o Homem de Lata e o Espantalho para o castelo da bruxa. Em seguida, a maldosa amassou o Homem de Lata, tirou a palha do Espantalho e ainda prendeu o Leão em uma carroça, obrigando-o a trabalhar dia e noite.

Dorothy conseguiu derrotá-la com a ajuda dos habitantes do país dominado pela feiticeira, os Pisca-piscas. Ela jogou um balde d'água na bruxa que encolheu e desapareceu. Os Pisca-piscas atenderam ao pedido da Boa Fada do Sul e encheram novamente o Espantalho, desamassaram o Homem de Lata e soltaram o Leão.

Quando voltaram para o castelo do Mágico de Oz, descobriram que o feiticeiro era uma fraude e não passava de um velhote com truques baratos. Dorothy descobriu ser tudo uma farsa, cercada de artifícios e efeitos especiais. Abriram a cortina e encontraram, em vez do grande Mágico de Oz, um homem cruel, rude e inseguro, manipulando um sistema que projetava imagens de um Deus ameaçador em meio a trovões e jatos de fogo. O charlatão criou dispositivos para assustar as pessoas e fazê-las adorá-lo. O Mágico de Oz convenceu Dorothy a subir com ele em um balão para levá-la para casa. No entanto, quando o balão estava começando a voar, Totó pulou para fora do cesto e Dorothy também pulou para ir atrás do cãozinho. Ela encontrou Totó e a Boa Fada do Sul, que explicou a ela como poderia voar com os sapatinhos encantados, presente da Boa Fada do Norte. Então Dorothy se despediu dos amigos e voou para a fazenda de seus tios levando Totó no braço.

Portanto, eles foram em busca do feiticeiro para conseguir: voltar para casa, coragem, coração e inteligência, e durante a jornada repleta de aventuras descobriram que isso já estava dentro deles antes de tudo começar. Totó representou a voz intuitiva interior de Dorothy, pois sempre estava certo em seus latidos de advertência; inclusive foi ele que denunciou o charlatão atrás da cortina, controlando os efeitos especiais.

Dorothy e seus amigos viveram muitos desafios ao viajarem até a Cidade das Esmeraldas. O tempo todo precisaram da constelação do Arquétipo do Herói. O Espantalho, que tanto desejava um cérebro, foi o mais inteligente durante a aventura; o Homem de Lata, que buscava um coração, foi o mais sensível durante a jornada; e o Leão, que dizia não ter coragem, foi o mais corajoso.

A história demonstra o caminho do processo de individuação, porque muitas transformações acontecem e a Sombra (Bruxas Más) foram enfrentadas e derrotadas. Cada um dos personagens passou por agruras e dificuldades, porém ajudados pelas Fadas Boas (Si-mesmo) e pela intuição de Totó, além de suas próprias qualidades (Sombra Criativa). Desta forma conseguiram assimilar o Arquétipo do Herói e finalizam a história completamente modificados. Foi necessária uma grande aventura em busca da ilusão idealizada do Mágico de Oz para alcançarem o desencanto e a transformação em Si-mesmo.

No final, Dorothy afirma com convicção para sua Tia Ema que não há melhor lugar do que o nosso lar, e que tudo que precisamos está na realidade dentro de nós mesmos.

A Sombra na literatura "A História sem Fim"

> *Só aquele cuja lira luminosa ecoou nas Sombras poderá um dia restaurar seu infinito louvor. Só aquele que comeu papoulas com os mortos nunca voltará a perder aquela suave harmonia. Mesmo que a imagem nas águas se enevoe: Conhece e aquieta-te. No Mundo Duplo todas as vozes ganham eterna suavidade.*
>
> (Rainer Maria Rilke)

"The NeverEnding Story", "A História sem Fim" (título traduzido para o Brasil) ou História Interminável (título dado em Portugal) é um livro de fantasia do escritor alemão Michael Ende, publicado pela primeira vez em 1979.

Um garoto, baixo, gordo, de aproximadamente 10 ou 11 anos, era órfão de mãe e seu pai, dentista, não se interessava por nada que dizia respeito ao menino. Bastian Baltazar Bux (era seu nome) sofria muito na escola pois seus colegas o desprezavam chamando-o de gordão, balão, maluco e cabeça-de-vento, porque gostava de imaginar histórias e às vezes falava sozinho.

Um dia, debaixo de uma chuva torrencial, quando fugia dos colegas, entrou em uma livraria para se esconder. O dono do estabelecimento, Sr. Koreander, não gostava de crianças e pediu para Bastian se retirar. Naquele momento, o telefone tocou, e quando o proprietário foi atendê-lo, o garoto percebeu que ele havia deixado em cima da poltrona o livro que estava lendo.

Bastian olhou para o grande livro, com capa de seda cor de cobre brilhante, e ficou impressionado. Havia nesta capa um desenho muito interessante, eram duas serpentes – uma clara e outra escura – que mordiam a cauda uma da outra.

A paixão de Bastian eram os livros; assim, olhou para o título e ficou arrepiado de frio e ao mesmo tempo sentiu uma sensação de calor, e pensou o quanto desejava ler uma história que nunca acabasse! Seria o livro dos livros! Não queria sair sem aquela 'história sem fim'. Sem pensar colocou o livro debaixo do braço e saiu correndo da loja. Mais adiante sua consciência começou a pesar porque havia roubado e isto não era correto. Seu pai nunca poderia saber que ele era um "ladrão".

Foi chegando perto da escola e teve uma sensação, e não era a primeira vez, que ela lhe parecia uma prisão. Quando estava em frente da porta de sua classe, percebeu que não tinha nada o que fazer ali. De repente lembrou-se de um lugar ideal onde ninguém iria procurá-lo: o sótão da escola!

Bastian entrou no sótão e trancou a porta por dentro. Foi vagarosamente se acostumando com a escuridão, mas começou a tremer de frio porque seu casaco estava encharcado. O sótão estava cheio de trastes de toda a espécie. Bastian viu uns velhos colchões de ginástica e arrastou-os para debaixo de uma claraboia, sentou-se sobre as pernas cruzadas em cima dos colchões, tirou o casaco e cobriu os ombros com uma manta velha. Bastian ficou olhando para o livro e pensando o que seria que estava se passando lá dentro, começou a ler:

"A História sem Fim"

Fantasia estava em perigo, todos os animais do Bosque de Haule corriam para se esconder em suas tocas, ninhos e buracos. No lado leste existia um lago chamado Caldo Fervente e certo dia pela manhã o lago desapareceu. No lugar onde havia o lago, não havia mais nada, e o lugar do 'nada' foi crescendo pouco a pouco e cada vez faltava mais um pedaço da sua terra. Se alguém, por descuido, pusesse o pé em um desses lugares, o pé desaparecia também. Não doía, mas a pessoa ficava com uma parte a menos. Algumas pessoas acabavam se atirando de propósito porque o 'nada' exercia uma atração irresistível.

A Imperatriz Criança era a soberana de todos os países de Fantasia. Entretanto, não governava, nunca tinha empregado a força, nunca tinha feito o uso de seu poder, nunca julgava ou dava ordens, e não precisava se defender de ninguém porque todos eram iguais e ninguém se rebelava contra ela.

A Imperatriz estava adoecendo e a situação era grave pois não apresentava nenhum sintoma, simplesmente estava se apagando e não se sabia o motivo.

A Torre de Marfim era tão grande quanto uma cidade, era composta por uma infinidade de torres, cúpulas, telhados, terraços, portões e escadas que se cruzavam e entrelaçavam. Tudo era feito em marfim branco puro e os detalhes eram esculpidos com perfeição; o conjunto parecia uma finíssima renda. Em todos estes edifícios viviam os membros da corte da Imperatriz Criança. A moradia da Imperatriz era ladeada por um grande jardim florido onde se misturavam as mais lindas cores.

Em uma grande sala circular da Torre de Marfim estavam reunidos 499 dos melhores médicos de Fantasia. O médico mais importante era o de número 500 e estava há muito tempo com a Imperatriz. Um silêncio se fez na sala quando entra Kairon, o célebre mestre da arte médica. Era um centauro, tinha figura de homem e o resto do corpo de um cavalo, trazia no pescoço uma corrente com um grande amuleto de ouro, representando duas serpentes que mordiam a cauda uma da outra.

Bastian examinou a capa do livro e lá estavam as duas serpentes. Ele se perguntou qual seria o significado daquele estranho círculo.

A joia era o Aurin, que conferia, a quem o tivesse, poderes secretos e a liberdade para agir em nome da Imperatriz. O livro trazia o símbolo da Imperatriz Criança.

Kairon disse que a doença da Imperatriz coincidiu com o aniquilamento progressivo de Fantasia e que a última esperança seria encontrar algum herói, e a Imperatriz Criança havia lhe dito que seria Atreiú, que vivia no Mar das Ervas para além das Montanhas de Prata. Kairon disse que daria o Aurin para o herói, enviando-o para a grande busca. Quando saiu da sala, os 499 médicos sacudiram as cabeças muito preocupados.

Kairon foi à procura de Atreiú, deu-lhe a joia e o jovem aceitou o desafio para ajudar a salvar a Imperatriz.

Atreiú foi a galope em seu cavalo Artax em busca da Velha Morla, pois havia sido avisado por meio de um sonho que ela o ajudaria. Ao passar pelo Pântano da Tristeza seu cavalo, fiel amigo, atolou e não reagiu, porque a tristeza que pairava no lugar fez com que ficasse muito pesado e perdesse a esperança.

O jovem herói encontrou a Velha Morla, uma tartaruga que parecia uma montanha. Ela o avisou que a Imperatriz precisava de um novo nome para se curar, e que talvez Uiulala, no Oráculo do Sul, saberia como ajudá-lo, mas que seriam necessários mais de dez mil dias de viagem para chegar lá.

Atreiú continuou a jornada e vagueava pelas Montanhas Mortas no Abismo Profundo quando de repente ouviu gemidos e viu uma gigantesca teia de aranha e um Dragão da Sorte, todo machucado, enredado e sendo mordido por uma terrível aranha.

O jovem herói mostrou o Aurin para o monstro e pediu o Dragão para si, dizendo que estava em missão para a Imperatriz Criança e que procurava o Uiulala no Oráculo do Sul. A aranha disse que só havia um jeito de chegar até lá: se ele deixasse ser mordido por ela, porém, com a ação do veneno teria apenas uma hora de vida, mas poderia ir aonde desejasse. Atreiú concordou e foi mordido; sua visão se turvou, perdeu os sentidos e acordou em um lugar desconhecido vendo o grande Dragão ao seu lado, que também havia utilizado a mesma estratégia.

Depois de serem cuidados e orientados por um casal de gnomos sábios,

Atreiú saiu em viagem para o Oráculo do Sul. O herói conseguiu passar por três portas difíceis de serem ultrapassadas e encontrou o Uiulala, um ser feito de som e de música.

Uiulala cantou em versos que a Imperatriz Criança estava adoecendo e com ela Fantasia também, porque o Nada tudo esvaziava, e se um novo nome fosse encontrado, o mal seria logo banido. Disse que do outro lado de Fantasia existia um mundo exterior, o mundo dos homens, e que o filho de homem teria que dar um novo nome para a Imperatriz. Os homens costumavam dar novos nomes para a Imperatriz, mas deixaram de ir até Fantasia porque não imaginavam, não sonhavam mais, e somente pensavam em poder, haviam perdido a sensibilidade.

Bastian pensou que gostaria de ajudá-la e disse baixinho que queria ir junto de Atreiú.

O jovem herói, ao retornar, relatou tudo que aconteceu ao Dragão e aos gnomos, e que precisava encontrar o filho de um homem para salvar Fantasia.

Eles agradeceram, se despediram dos gnomos, e Atreiú foi cavalgando Fuchur pelos céus de Fantasia até a Torre de Marfim, onde relataram à Imperatriz o que o Uiulala havia dito. Ficaram pensando como encontrar esse filho para que o mundo deles fosse salvo.

Bastian pensou que sabia o novo nome da Imperatriz Criança: a Filha da Lua. Nesse momento, o garoto visualizou a Imperatriz e ela o viu também. Bastian ficou perplexo, muito emocionado, muito feliz.

A Imperatriz Criança disse que sabia quem seria o salvador. Um velho da Montanha Errante que escrevia "A História sem Fim" havia contado que um garoto baixo, gordo, de nome Bastian Baltazar Bux entrara em uma livraria...

Nesse momento Bastian faz uma importante descoberta: teria que ir até Fantasia para dar um novo nome à Imperatriz. O relógio da torre bateu meia-noite e em meio a uma terrível escuridão Bastian encontrou-se com a Imperatriz Criança.

Bastian entrou em Fantasia e, ao se encontrar com a Imperatriz Criança, deu-lhe um novo nome: Filha da Lua. Ela lhe concedeu o direito de usar a Joia Aurin, e ele recebeu o poder sobre todos os seres e todas as coisas de Fantasia. Seu corpo físico se transformou: estava mais magro, mais alto, ou seja, foi presenteado com um corpo mais bonito.

Bastian recebeu um grãozinho de areia da Imperatriz que na palma de sua mão se transformou em uma semente que germinou e formou uma floresta maravilhosa, dando-lhe o nome de Perelim, a Floresta Noturna. O jovem caminhou pela floresta durante a noite, mas ao amanhecer toda vegetação se transformou em um deserto.

O jovem se encontrou com um gigantesco leão de juba e pelagem vermelho vivo, o Senhor do Deserto das Cores, a Morte Multicolor. A areia do deserto mudava de cor e o leão também. O leão o levou para o seu palácio. Ficaram juntos por muitos dias, tornaram-se amigos e presenteou o jovem com uma espada mágica poderosa. O leão lhe contou sobre o Templo das Mil Portas, onde estavam todas as portas de Fantasia, e que somente um verdadeiro desejo poderia guiar Bastian quando estivesse naquele labirinto. O leão disse que deveria seguir o caminho dos desejos, passando de um para outro até chegar à sua 'Verdadeira Vontade'. Nesse meio tempo, Bastian recebeu um novo dom, o da coragem, e nesse caso perdera alguma coisa, a recordação da sua antiga covardia.

Uma noite, Bastian intuiu que precisaria seguir viagem pois deveria encontrar sua Verdadeira Vontade, então esperou o leão dormir, despediu-se baixinho, saiu do palácio e imediatamente entrou em um quarto com várias portas.

Assim que abria uma delas, outras apareciam. Quando entrou em um quarto iluminado, havia seis paredes com pinturas representando nuvens. A porta da esquerda era de madrepérola branca, que o fez recordar de Fuchur, o Dragão da Sorte, que tinha escamas brilhantes como madrepérolas. De repente soube o que queria: encontrar Atreiú! Logo saiu do Templo das Mil Portas.

Bastian seguiu viagem, encontrou-se com um grupo de heróis guerreiros e uma princesa e seguiu com eles para a Cidade de Prata. Participou de uma difícil competição entre guerreiros, porém usou sua espada mágica e os venceu.

Foi então que se encontrou pela primeira vez com Atreiú e Fuchur e ficaram felizes ao se verem.

Bastian saiu em expedição com eles e com outros guerreiros porque queria ir à Torre de Marfim para se encontrar novamente com a Imperatriz Criança.

No caminho foram atacados por criaturas muito fortes, metidas em armaduras e couraças negras – os guardas do castelo da feiticeira Xayíde. Após eliminar muitos cavaleiros negros utilizando sua espada mágica, Bastian conseguiu chegar ao palácio e encontrar-se com Xayíde. Ficou admirado ao ver que ela era uma mulher muito bonita que se ofereceu para ser sua serva. Bastian aceitou e os dois seguiram com a expedição rumo à Torre de Marfim.

Contudo, o jovem ficava cada vez mais distante dos amigos, discutia com eles e apenas escutava os conselhos de Xayíde. Também ia se esquecendo cada vez mais de sua vida anterior e se sentia o Herói Salvador. Atreiú e Fuchur perceberam que Bastian estava muito diferente e que passava a maior parte da viagem na liteira da feiticeira que era guardada por quatro cavaleiros negros montados em cavalos de aço. Ela sempre falava sobre algum assunto que interessava ao herói enquanto fumava um cachimbo com a forma de uma víbora verde esmeralda, e quando puxava a fumaça do cachimbo era como se a serpente a beijasse.

À medida que a expedição avançava em direção a seu destino, chegavam habitantes de Fantasia para aclamar o Salvador e pediam para seguir viagem com eles. Então, uma caravana de mais de 300 criaturas estranhas seguiu Bastian.

Atreiú e Fuchur resolveram que iriam tirar a joia Aurin de Bastian, mas quando o jovem soube, encheu-se de ódio e ordenou que eles se afastassem para muito longe e que não deveriam mais aparecer diante de seus olhos. Estavam banidos para sempre. Atreiú saltou para as costas de Fuchur e este levantou voo.

Quando a expedição chegou à Torre de Marfim, Bastian descobriu que a Imperatriz não estava mais lá e ninguém sabia para onde ela tinha ido.

Após tristes eventos, Xayíde conseguiu convencer Bastian a tomar o lugar da Filha da Lua na Torre de Marfim e aceitou tornar-se o Imperador Criança confiando todos os preparativos da festa de coroação a Xayíde. Bastian não se lembrava de nada e não sabia se como Imperador poderia alterar o estado em que as coisas se encontravam.

No dia da coroação, Xayíde havia preparado a festa: logo às primeiras horas da manhã, a música ressoava em todas as ruas e praças, mas era uma música como nunca se ouvira antes na Torre de Marfim: selvagem, estridente e, no entanto, monótona.

As ruas e os muros do palácio estavam decorados com numerosos quadros, grandes e pequenos, todos representados sempre pelo mesmo rosto: o de Bastian. Viam-se por todo lado os gigantes negros. Ninguém, além de Xayíde, sabia como ela conseguira centuplicar os cinco cavaleiros gigantes que tinham lhe restado. Contudo, havia mais: cerca de cinquenta gigantes montavam agora formidáveis cavalos, também de metal negro, movendo-se todos ao mesmo passo.

Em seguida, inicia-se a parte mais exaustiva das festividades: todos os mensageiros e enviados de diferentes países de Fantasia tiveram de formar uma fila, que ia desde o trono de espelhos até o fundo da rua principal, subia em espiral à Torre de Marfim e penetrava até muito adiante no jardim do labirinto, aumentando constantemente à medida que a ela se juntavam novos embaixadores e eles tinham que beijar os pés de Bastian.

De repente um jovem fauno subiu a rua correndo e avisando que uma guerra estava ocorrendo. Atreiú havia reunido um grupo de rebeldes que exigiam que Bastian lhes entregassem o Aurin.

Algumas horas mais tarde, chegaram as primeiras notícias do campo de batalha. Ao lado de Atreiú lutavam duzentos centauros, cinco Dragões da Sorte conduzidos por Fuchur, um bando de águias gigantescas, e muitos outros seres combatiam também nesse exército. Há quem diga que ao lado de Atreiú combatiam também magos brancos que se opunham à magia negra de Xayíde.

Atreiú e seu grupo conseguiram a vitória sobre os gigantes negros. Atreiú não lutava por si, mas sim por seu amigo, a quem queria vencer para poder salvar.

Atreiú veio ao encontro de Bastian segurando sua espada, mas a espada mágica do Salvador não se moveu como antes. Bastian ordenou que Atreiú se ajoelhasse e pedisse perdão, mas Atreiú dizia que ele estava louco e que tinha que devolver o Aurin. Quando Bastian arrancou a espada à força, o brilho dela se extinguiu, mas mesmo assim golpeou Atreiú atingindo-o no peito, abrindo uma grande ferida, de onde o sangue começou a jorrar. Fuchur apanhou Atreiú na queda e o levou para longe.

A Torre de Marfim se desfazia em cinzas e o resto do exército de Bastian estava se transformando em seres fantásticos sem vida. O Salvador afirmava que iria perseguir Atreiú até o fim do mundo. Saltou para um cavalo gigante de metal negro e desapareceram a galope na noite.

Bastian queria a todo custo vingar-se de Atreiú por tê-lo impedido de ser coroado. Forçou tanto o cavalo mecânico que ele acabou se esfacelando em mil pedaços; assim, ele se pôs de pé, colocou o manto sob os ombros e começou a andar a esmo. Chegou ao alto de um barranco e avistou um vale onde havia uma cidade com torres deitadas, edifícios esquisitos com as portas da rua no telhado, escadas colocadas onde não se podia subir e torres arqueadas como bananas. Em suma, a cidade toda dava a impressão de loucura.

Os habitantes, homens e mulheres, tinham um aspecto semelhante ao das pessoas normais, mas suas vestimentas mostravam que estavam enlouquecidos. Usavam abajures na cabeça, conchas de sopa, cestos de papéis, toalhas de mesa, tapetes, caixas de papelão e até barricas como peças de roupa, e empurravam carrinhos de mão com trastes velhos. Quanto mais se adentrava na cidade, mais densa era a multidão.

Bastian ouviu uma voz zombeteira dizendo que as pessoas podiam ser chamadas de 'os que nada dizem' e que aquela era a Cidade dos Antigos Imperadores. Um macaquinho apresentou-se como Argax e explicou que todos aqueles seres tinham sido imperadores de Fantasia ou quiseram ser. Eram seres humanos que não encontraram o caminho de volta para seu mundo. Alguns estavam ali há mil anos. Quando um deles se tornava imperador, o Aurin desaparecia, porque ninguém podia tomar o lugar da Imperatriz Criança. Bastian queria saber se, no caso de se tornar imperador, ele viria para aquela cidade também, e o macaquinho disse que sim, que em breve ele viria para aquele lugar.

O herói constrangido disse rapidamente que Atreiú o havia salvado. Lembrou-se que o amigo havia colocado a espada em seu peito e hesitou, recordou-se da ferida que lhe infligira e do seu olhar ao cair.

Perguntou a Argax o que deveria fazer, recebendo uma resposta bem clara: ele deveria encontrar um desejo que o levasse de volta a seu mundo e atravessar o Mar de Névoa.

Bastian se despediu de Argax e correndo muito chegou ao barranco de terra. À noite, quando estava estafado, deitou-se e caiu no sono profundo e sonhou a noite toda com Atreiú ferido. Ao acordar escavou e enterrou a espada mágica na cova.

Caminhou durante dias e noites, e um certo dia chegou ao Mar da Névoa. Viu uma pequena cidade erigida sobre altas estacas no Mar da Névoa. As casas eram feitas de vime trançados e o pavimento das ruas também. As pessoas tinham o tamanho de crianças, embora fossem homens adultos. Andavam em grupos de braços ou mãos dadas. Tinham a expressão facial muito calma. Havia muitas oficinas onde todos os que trabalhavam estavam ocupados com a fabricação de objetos de vime trançado. Enquanto trabalhavam, cantavam uma melodia sem palavras. A cidade se chamava Iskal ou A Cidade do Vime. Seus habitantes eram os iskalnari. Quando o nevoeiro subia os homens, que eram marinheiros, saiam em seus barcos. A força que movia o barco era a imaginação. Resolveram então levar Bastian, ensinando ao jovem o segredo da sua vida comunitária: a música, a dança e a ação sem palavras. Pouco a pouco, durante a travessia, tornou-se um deles.

Contudo, depois de algum tempo foi percebendo que não precisava superar contradições, e sentia que faltava alguma coisa. A doçura deles parecia enfadonha e a melodia igual das canções parecia-lhe monótona. Percebeu então aquilo que faltava naquela comunidade quando um gigantesco corvo apareceu no céu. Todos se esconderam apavorados, mas um deles foi atacado e levado pelo pássaro monstruoso.

Passado o perigo, os iskalnari voltaram a dançar e a cantar, como se nada tivesse acontecido. Bastian percebeu que o indivíduo que foi levado não era importante para eles, porque como eram iguais ninguém era insubstituível, mas ele queria ser amado por ser como era. Na Comunidade dos Iskalnari havia harmonia, mas não havia amor.

Bastian não queria ser o mais forte ou o mais inteligente, ultrapassara tudo isso, e aspirava agora a ser amado por aquilo que era, bom ou mau, bonito ou feio, esperto ou estúpido, com todos os seus defeitos. Contudo, agora não sabia mais quem era.

Quando chegaram finalmente à outra margem, o barco da névoa atracou, Bastian agradeceu aos iskalnari e desembarcou em terra.

É importante relatar que no mesmo momento em que Bastian encontrou os marinheiros da névoa, Xayíde chegou com seus gigantes encouraçados no lugar onde o cavalo metálico de Bastian se fizera em pedaços. Ela pressentiu que nunca mais o veria e ordenou aos gigantes que parassem, mas eles continuaram e passaram por cima dela, esmagando-a.

Bastian avançava pelas curvas suaves do caminho atravessando um roseiral e ficou espantado quando viu um poste com um letreiro indicando um caminho: 'Casa Mutante'. Seguiu por uma avenida e encontrou uma casa muito divertida: o telhado alto e pontiagudo parecia um capuz enfiado em uma construção que se assemelhava a uma abóbora gigante.

Enquanto se dirigia à casa, viu que ela se modificava lentamente: além de outras coisas, nasceu uma chaminé no telhado e uma varandinha surgiu. No interior da casa ouviu uma voz feminina harmoniosa cantando uma música de boas-vindas.

Bastian ficou irresistivelmente atraído pela voz e sabia que a pessoa que cantava era amiga. Foi convidado a entrar e quando abriu a porta viu uma salinha, e no meio desta uma mesa redonda coberta de cestos cheios de frutos coloridos. Sentada à mesa estava uma mulher que se parecia com uma maçã por ser vermelha, redonda e apetitosa.

Ele teve vontade de gritar chamando-a de mãe, mas se conteve. Sua mãe já havia morrido e certamente não estava em Fantasia. Ela tinha o mesmo sorriso terno e inspirava a mesma confiança nele. A mulher amavelmente o convidou para uma refeição e contou-lhe uma história enquanto ele comia. Na realidade, ela contou a história dele mesmo, e lhe disse que seria necessário encontrar sua Verdadeira Vontade.

De repente os botões de flor do seu chapéu e do seu vestido se abriram e desabrocharam todos ao mesmo tempo, e as frutas cresceram e amadureceram. A mulher florida disse que se chamava Dama Aiuola e que ele que precisaria tornar-se pequeno outra vez. Bastian caiu em uma doce sonolência e viu a Dama aproximar-se e dar-lhe um beijo na testa, pegando-o no colo e levando-o nos braços. Sentiu que ela o despia e o colocava em uma cama macia e perfumada e cantou para ele dormir.

Ao acordar na manhã seguinte, sentiu-se muito feliz, pois estava em um quarto confortável, dentro de um berço! Aquilo lhe pareceu ridículo, mas ele e a Dama Aiuola sabiam que aquilo era bom e que estava certo.

Assim passaram-se os dias, e os dias transformaram-se em semanas. A Casa Mutante produzia quartos de brinquedo, escorregadores e até um grande carrossel.

A Dama Aiuola disse que ele só poderia regressar a seu mundo depois de descobrir a fonte de onde brotavam as Águas da Vida. No dia seguinte, Bastian quis saber como encontrar as Águas da Vida e foi avisado que apenas um desejo poderia levá-lo até lá: o último. Os dias e as noites foram passando e despertava nele um outro desejo, uma aspiração que nunca sentira, era completamente diferente de todos os seus desejos anteriores: o desejo de amar.

Em uma noite em que estavam os dois sentados conversando, Bastian perguntou porque não era capaz de amar e ela lhe disse que ele havia encontrado sua Verdadeira Vontade: amar, e que só poderia fazê-lo quando tivesse bebido das Águas da Vida e que não poderia voltar ao seu mundo sem levar dessa água para outra pessoa.

No dia seguinte quando desceu para o café, viu que a Dama tinha os olhos fechados, parecia uma árvore negra e morta. Ele ficou durante muito tempo olhando-a e de repente abriu-se uma porta que o conduzia para o exterior. Antes de sair ele olhou para trás e agradeceu, agradeceu, agradeceu...

Depois de atravessar a porta viu que de repente o inverno chegara, fazia muito frio e havia neve até a altura dos joelhos.

Caminhou durante um tempo na neve até chegar a uma cabana onde vivia um mineiro alto, velho e cego chamado Yor. Bastian disse que estava perdido e pediu informações sobre onde ficava a fonte de onde brotavam as Águas da Vida. O mineiro respondeu que ele não estava perdido e o convidou a entrar e jantar com ele. Yor contou-lhe que apesar de ser cego, conseguia enxergar bem em sua mina, onde havia uma escuridão total. Ele contou para Bastian que em sua mina, a Mina das Imagens, estavam todos os sonhos esquecidos dos humanos e que havia muitas camadas de sonhos materializados em placas de mica transparente e colorida de todas as formas e tamanhos.

Bastian passou vários dias na mina escura, escavando e trazendo para cima várias placas de mica, procurando por alguma imagem familiar, até que depois de muito tempo encontrou uma placa do tamanho de uma folha de livro com a imagem de um homem em pé, usando um avental branco e segurando uma dentadura de gesso.

Ao olhar para a imagem, Bastian sentiu uma saudade imensa daquele homem desconhecido. Voltou para a cabana muito triste e Yor percebeu que algo havia acontecido, mas não perguntou nada. Com seu coração ouviu o homem dizer "Ajude-me, não me abandone! Não consigo sair sozinho deste gelo, só você pode me tirar daqui!".

Yor disse para o jovem levar a imagem consigo e não perdê-la, pois nada mais lhe restara em Fantasia. Agradeceu pelos ensinamentos recebidos do mineiro cego, despediu-se e seguiu sua jornada em direção à fonte das Águas da Vida, levando a imagem.

No caminho o rapaz foi atacado por centenas de borboletas que queriam impedi-lo de fugir de Fantasia, e, depois de se defender e espantá-las, quando olhou a imagem, ela estava reduzida a pó. Tudo se perdera para ele. Nada mais poderia ensinar-lhe o caminho para as Águas da Vida.

Nesse momento ele ouviu um som suave e poderoso que parecia o ressoar de um grande sino de bronze, esfregou seus olhos encharcados de lágrimas e viu Fuchur, o Dragão da Sorte e Atreiú.

O rapaz sem nome retirou do pescoço a corrente de ouro e colocou cuidadosamente na neve, aos pés do amigo. De repente o brilho dourado do Aurin tornou-se claro e muito intenso, então teve que fechar os olhos e quando os abriu novamente estava em uma sala com uma cúpula muito alta e tinha as paredes de luz dourada. Nesse enorme espaço estavam duas serpentes gigantescas que brilhavam, uma negra como a noite e a outra branca como a prata. Elas se imobilizavam mutuamente e, se uma delas se soltasse, o mundo acabaria através de sua força destrutiva.

Elas protegiam as Águas da Vida porque no meio do espaço que elas delimitavam havia uma fonte enorme de águas espumantes que se pulverizavam em uma névoa fina, e a luz dourada se decompunha nas cores do arco-íris. Ouvia-se um ruído que parecia um canto ou um riso, ou ainda gritos de mil vozes alegres. Fuchur, que conhecia essa linguagem, repetiu palavra por palavra: "Somos as Águas da Vida: fonte que a si própria se deve tanto mais incontida como mais dela se bebe. Beba! Beba! Faça o que quiser!". Atreiú e Fuchur se apresentaram e o rapaz sem nome ficou calado, mas o amigo falou por ele, porque sabia tudo de sua vida e de seu mundo.

As águas questionaram sobre o ferimento e Atreiú respondeu que Bastian havia entregue o Aurin por sua livre vontade e as águas então aceitaram a justificativa, pois a Joia era o símbolo daquele lugar, o lugar era Aurin.

Em seguida perguntaram se estavam prontos e Atreiú disse que sim. Nesse momento, a gigantesca cabeça da serpente negra começou a se levantar lentamente sem largar a ponta da cauda da serpente branca que segurava na boca. Os corpos poderosos arquearam-se formando uma porta metade negra e metade branca.

Bastian foi levado por Atreiú pela mão, atravessaram a enorme porta e viram a fonte em toda sua grandeza e esplendor. Fuchur estava junto deles. Bastian foi sendo despojado dos dons que recebera e o maravilhoso herói forte e intrépido foi se transformando no garoto baixo, gorducho e tímido. Ele se vê nu e solitário em frente ao círculo dourado de onde brotavam as Águas da Vida que parecia uma árvore de cristal.

Quando Bastian não tinha mais nenhum dos dons, e ainda não havia recuperado as recordações de seu mundo, passou por uma fase de total incerteza, não sabia qual era seu mundo, nem se ele próprio existia. Mas, saltou para dentro da água, agitado, e bebeu até acalmar sua sede. Sentiu uma grande alegria de viver e de ser ele mesmo, uma vez que agora sabia outra vez qual era sua identidade, renascera. Sabia que havia muitas formas de alegria, mas que todas se resumiam na alegria de poder amar.

Bastian quis levar um pouco daquela água para o pai, o que lhe foi permitido. As mil vozes da água disseram que naquele momento ele deveria ir e que deveria sair pela porta onde estava a cabeça da serpente branca. Os amigos se despediram muito emocionados e Bastian ficou olhando para os dois enquanto regressavam à Fantasia.

As duas serpentes ergueram seu corpo, formando uma grande porta. O jovem encheu as mãos em concha com as Águas da Vida e atravessou a porta, atirando-se para o outro lado, precipitando-se no vazio e na escuridão.

O jovem gritava chamando pelo pai dizendo seu nome: "Sou Bastian Baltazar Bux!".

De repente se viu no sótão da escola e se perguntou quanto tempo teria passado desde que partira para Fantasia. Pensou que deveria devolver o livro que roubara ao Sr. Koreander, mas não encontrou o livro. "A História sem Fim" tinha desaparecido. Desceu as escadas e foi para a rua, correndo para casa e, ao chegar, seu pai abriu os braços e Bastian precipitou-se neles. Seu pai disse que estava preocupado, que já havia notificado a polícia por temer o pior. Quando o jovem perguntou quanto tempo havia ficado fora o pai lhe disse que era desde o dia anterior, quando tinha ido para a escola. Bastian contou tudo o que acontecera, o relato durou horas e o pai o escutava e compreendia o que o filho lhe contava.

Quando Bastian contou que desejara trazer a Água da Vida, viu lágrimas nos olhos de seu pai, que o pegou no colo, apertando-o de encontro a si, e se abraçaram. Bastian compreendeu que havia conseguido trazer-lhe a Água da Vida, e seu pai lhe disse que daquele dia em diante tudo seria diferente entre os dois.

O garoto resolveu ir até a loja de livros conversar com o Sr. Koreander. Ao chegar em frente à livraria sua coragem esmoreceu, mas lembrou-se como tinha ido ao encontro do leão da Morte Multicolor, sentiu-se forte e então abriu a porta e entrou na loja.

Bastian se desculpou com o Sr. Koreander por ter roubado o livro, porém o ancião lhe disse que não conhecia esse livro ou "A História sem Fim". O jovem contou-lhe tudo que havia acontecido em Fantasia e o velho disse ao rapaz que gostaria muito que ele viesse mais à livraria para trocarem ideias, pois não havia muitas pessoas com quem ele pudesse conversar sobre aquelas coisas. Eles se despediram e Bastian foi ao encontro de seu pai do outro lado da rua.

O Sr. Koreander fechou a porta com cuidado e seguiu-o com os olhos pensando que Bastian Baltazar Bux ainda iria ensinar o caminho até Fantasia a muita gente, para que elas pudessem trazer as Águas da Vida.

Michael Ende escreveu uma história permeada de muitos símbolos, de vários arquétipos do inconsciente coletivo. Colocou, na "História sem Fim", símbolos que usualmente aparecem na clínica durante a análise, onde se aplica a teoria da Psicologia Junguiana. São símbolos que comumente expressam os arquétipos.

Na capa do livro estão as serpentes que mordem a cauda uma da outra. Este símbolo é chamado de Uróboro, que indica o indiferenciado e, junto a isso, o originário, mas é também a meta onde teremos que retornar com consciência. Remete à origem pela qual se pode verificar uma nova interpretação de si e do mundo, mantendo junto os opostos, dando início à dinâmica psíquica e ao desenvolvimento da personalidade.

A história também está repleta de figuras de mitos e contos de fada. Vários personagens simbolizam arquétipos, tais como: Arquétipo do Herói, do Pai, da Grande Mãe, da Criança Divina, do Curador Ferido, da Velha Sábia e do Velho Sábio, e os símbolos do Si-mesmo como: Ser feito de Voz, Dragão da Sorte e o Macaquinho. Também é possível perceber vários símbolos da Sombra, a Mãe Terrível como a aranha e as bruxas, o Leão como Eu inflado, e a Anima Destrutiva como a feiticeira.

Quando Bastian estava lendo o livro no sótão, admirava o herói Atreiú e queria ser como ele, porque se sentia desprezado, rejeitado, com baixa autoestima, ou seja, o que caracterizava um complexo de inferioridade. No entanto, quando entrou na história, recebeu o Aurin da Imperatriz, passou a ter seus poderes, conseguiu um novo corpo físico, conseguiu enfrentar o Leão da Morte e recebeu a espada encantada e o dom da coragem, foi ovacionado por uma multidão como herói e salvador de Fantasia, conseguiu outros predicados e também foi vencedor de uma luta disputada por grandes heróis. Foi então que o complexo de inferioridade foi compensado pelo complexo de superioridade. A arrogância, o pecado da *hybris*, o Eu inflado, passou a ser a Sombra de Bastian, e, por isso, competiu com Atreiú, ferindo-o e menosprezando-o, porque se sentia superior a tudo e a todos.

Bastian almejou ser o Imperador Criança e o Eu ficou possuído pela Sombra, porque além de sua arrogância e sede de poder, foi seduzido pela Anima Destrutiva projetada na feiticeira Xayíde, que era uma mulher linda, mas terrivelmente maléfica. Xayíde depois de ver seus cavaleiros encouraçados serem vencidos pela espada de Bastian, passou a ser sua fiel e submissa serva, mas este papel que ela representava foi usado para convencer e manipular Bastian que se transformou em um anti-herói.

Com a intervenção de Atreiú, Fuchur e os rebeldes, Bastian não foi aclamado como Imperador. Sentiu ódio e desejo de vingança por não ter logrado seu intento, e por isso foi parar na Cidade dos Antigos Imperadores, a cidade da Loucura. E o macaquinho a serviço do Si-mesmo mostrou-lhe que ele também estava vivendo a loucura do desejo de poder, querendo ser um imperador, usurpando o cargo sagrado de uma Criança Divina.

Bastian ao perceber que poderia ter ficado para sempre naquela cidade de loucos, começou a se modificar, ou seja, a se arrepender de suas atitudes absurdas. Foi ajudado pelos seres que viviam uma vida comunitária, pelo amor que recebeu da Dama Aioula, símbolo da Grande Mãe, pelos ensinamentos do Mineiro Cego, símbolo do Arquétipo do Pai e por Atreiú, símbolo do Arquétipo do Herói e por Fuchur, símbolo do Si-mesmo. Nas Águas da Vida (Aurin ou Si-mesmo), Bastian renasceu no amor e voltou para sua casa e para seu pai muito diferente, totalmente transformado.

As aventuras que experimentou em Fantasia foram lhe propiciando atributos que não perdeu quando voltou a ser ele mesmo. A troca de carinho entre Bastian e o pai demonstraram que somente quando se consegue confrontar a Sombra profundamente, é que se pode sentir o amor verdadeiro. Bastian fez o caminho da individuação. E acho que Michael Ende também.

A Sombra na literatura: Jekyll e Hyde – Fausto – Dorian Gray

E na verdade, verá as raízes do bem e do mal, do frutífero e do estéril, entrelaçadas no coração silencioso da terra.
(Gibran Khalil Gibran)

Robert Louis Stevenson, em 1886, teve um sonho impressionante que demonstrava o conflito do homem com a própria Sombra.

O bondoso e notável cientista Dr. Jekyll dissolvia um pó na água e quando engolia se transformava no Sr. Hyde, um ser violento, completamente desprovido de caráter. O autor, baseado no próprio sonho, escreveu o famoso romance "O estranho caso de Dr. Jekyll e Sr. Hyde". Dr. Jekyll vai se transformando no Sr. Hyde e o complexo da Sombra vai possuindo o Eu.

Hyde atua de forma destrutiva e sádica, chegando a assassinar seu colega Dr. Carrow.

O analista junguiano John Sanford afirma que uma história como esta contém uma qualidade arquetípica, porque toca todas as pessoas profundamente e soa como verdadeira:

> Henry Jekyll sentia o desejo de ser aprovado pelos seus semelhantes e por isso assumia uma determinada postura diante da sociedade, ou seja, adotava uma Persona agradável que lhe granjeava a aprovação e o respeito dos outros.[116]

Possuímos um Dr. Jekyll que é nossa Persona, nossa máscara social, e um outro "Eu" sombrio, que permanece oculto na maior parte do tempo.

Johann Wolfgang von Goethe foi um escritor germânico e pensador que também fez incursões pelo campo da ciência, sendo um dos líderes do movimento literário romântico germânico.

Jung no texto Memórias, sonhos e reflexões revela que por meio da importância da alquimia em sua vida percebeu sua ligação interior com Goethe.

> O segredo de Goethe foi o de ter sido tomado pelo lento movimento de elaboração de metamorfoses arquetípicas que se processam através dos séculos; ele sentiu seu Fausto como uma '*opus magnum* ou *divinum*' – uma grande obra ou uma obra divina. Tinha razão, portanto, quando dizia que Fausto era sua 'obra prima'; por isso sua vida foi enquadrada por esse drama. Percebe-se de modo impressionante que se tratava de uma substância viva que agia e vivia nele, a de um processo super-pessoal, o grande sonho do *mundus archetypus*.[117]

O personagem Fausto é possivelmente baseado na vida do mago Johann

---

116. SANFORD, John. Dr. Jekyll e Mr. Hyde. In: ZWEIG, Connie; ABRAMS, Jeremiah (Orgs.). *et al. Ao encontro da Sombra*: o potencial oculto do lado escuro da natureza humana. 9. ed. São Paulo: Cultrix, 1999. Cap. 5, p. 52.

117. JUNG, Carl Gustav. *Memórias, Sonhos e Reflexões*. 13. ed. Rio de Janeiro: Nova Fronteira, 2006. p. 237.

Georg Faust (1480-1540). Fausto, em alemão Faust, é um poema trágico considerado uma das grandes obras primas da literatura alemã, publicado em dois volumes; Fausto I, em 1808 e Fausto II, em 1832.

A história se inicia quando Mefistófeles (demônio) faz uma aposta com Deus, dizendo que poderia conquistar a alma de Fausto, tornando-o objeto de disputa entre o Senhor e o Mefisto. O Senhor acredita que o homem é bom, que erra porque procura, mas no final é conduzido à luz. Mefistófeles vê o homem como um ser mal construído, dividido entre seu instinto animal e sua parte racional. O Senhor acredita que o homem precisa ter o diabo como companheiro, tentando-o e instigando-o para que não caia na inércia. Quando o Senhor pergunta a Mefistófeles se no mundo não há nada de bom, ele responde que só vê o ruim, e há alguns dias que chega a ter pena dos homens e por isso não os atormenta.

> O Senhor: Que contar-me
> Outra loa não tens? Sempre queixumes!
> Nunca há de na terra existir coisa
> Que contentar-te possa?
>
> Mefistófeles: Senhor, nunca!
> Mau deveras é tudo, como sempre,
> Em seus dias de dor causam-me os homens
> Tal pena que nem posso atormentá-los.[118]

Mefisto diz ao Senhor que Fausto é louco e ambiciona do céu as estrelas mais formosas, e da terra os gozos máximos. Faz uma aposta com o Senhor, dizendo que se puder encaminhá-lo, o Senhor o perderá. O Senhor permite que Mefisto tente Fausto.

O doutor Henrique Fausto era um homem com sede de saber. Estudou magia, medicina, astrologia e alquimia. Trabalhava com horóscopo e fazia profecias. Contudo, sentia-se infeliz por não alcançar a plenitude do conhecimento. O pacto com o diabo foi acertado porque Fausto queria viver vinte e quatro anos de prazer sem limites.

---

118. GOETHE, J. W. *Fausto*. 1. ed. São Paulo: Martin Claret, 2003. p. 36.

Um dia Fausto sai a passeio com Wagner, seu discípulo, e é seguido por um grande cão preto que entra em sua casa pela porta dos fundos. O cão vai se transformando, inflando e cresce até o tamanho de um elefante, e quem aparece é Mefistófeles. Então, Fausto quer saber quem era ele.

Fausto: "Como te chamas tu?"
Mefistófeles: Pergunta fraca
Para quem tal desprezo mostra ao verbo,
Quem, as vãs aparências desdenhando,
Só do ser no mais fundo se deleita
Fausto: De vós outros, amigo, a natureza
Vulgarmente no nome ler-se pode,
Que bem claro o demonstram vossos títulos
De Padre, da mentira ou Deus das moscas.
Ora pois, quem és tu?
Mefistófeles: Parte da força
Que tem no mal intento, e o bem só causa.[119]

Mefistófeles responde que é parte da força que empenhada no mal o bem promove, porém, mesmo tendo apenas intenção do mal, só causa o bem.

A criatura do mal promete lhe dar as delícias, os gozos do mundo, contanto que Fausto assine o pacto com sangue:

Fausto: Já na pena a palavra morre, a cera
E o coro curtido então domina.
O que exiges de mim, maligno espírito?
Papel ou pergaminho? Bronze ou mármore?
Que escreva com cinzel, buril, ou pena?
Deixo-te livre a escolha
Mefistófeles: Porque hás
A tal ponto empalar tua facúndia?
Qualquer papel não serve, se assinares
Com um pingo de sangue.
Fausto: No capricho
Consinto, se com ele te contentas.

119. GOETHE, J. W. *Fausto*. 1. ed. São Paulo: Martin Claret, 2003, p. 72.

Mefistófeles: É o sangue um licor especialíssimo.[120]

Fausto diz querer delirar, quer o ódio, a dor e o sofrimento, pois está sarado da ânsia do saber.

Fausto: Entendes-me? – Não curo de prazeres!
Ao delírio me voto, aos mais pungentes
Deleites: ódio que ama, dor que alegra.
A nenhum sofrimento, dor nenhuma
Fique estranho meu peito, já sarado
Da ânsia do saber. O que é partilha
De toda a humanidade, no meu seio
Quero sentir, e perceber na mente
As ideias mais altas, mais profundas;
Entesourar no peito os bens e males
Que dos homens são sorte, dilatando
'Té o deles meu ser e sucumbindo
Como eles afinal![121]

Mefistófeles transforma o corpo físico de Fausto, deixando-o rejuvenescido. Fausto encontra Margarida e pede para Mefisto conseguir a jovem para ele. Para o demônio é uma dura tarefa devido à natureza pura da menina. Entretanto, Mefisto por meio de joias e a ajuda da vizinha Marta, consegue um encontro entre Fausto e Margarida. A moça quer levar Fausto ao seu quarto, mas como teme que a mãe não permita, Fausto lhe entrega uma poção do sono para ser dada à mãe, que lhe tira a vida.

As desgraças se sucedem: Valentim, irmão de Margarida, desafia Fausto para um duelo e Valentim também morre.

Satisfeita a sua luxúria, Fausto abandona Margarida, apesar de grávida. A jovem dá à luz e afoga o filho recém-nascido, sendo condenada à morte pela justiça. Quando Margarida morre, um coro celestial assinala que na realidade ela escapou, ou seja, a pureza da moça salvou sua alma.

---

120. GOETHE, J. W. *Fausto*. 1. ed. São Paulo: Martin Claret, 2003, p. 84.
121. GOETHE, J. W. *Fausto*. 1. ed. São Paulo: Martin Claret, 2003, p. 85.

No segundo volume (1832), Fausto desperta junto a fadas e inicia um ciclo de aventuras. No final está muito diferente e aspira criar algo grandioso. Chega a ir até a Grécia Antiga, onde vive aventuras com Helena de Tróia e Páris, Prometeu e Kiron. Quando Fausto morre, Mefistófeles vai até sua sepultura cobrar o pacto; os anjos, porém, descem das alturas e, enquanto alguns o distraem, outros levam a alma de Fausto à presença de Maria, a Mãe Gloriosa, que permite que seu espírito passe às esferas mais elevadas. O espírito de Margarida intercede junto à Divina Mãe, para salvar o seu amado Fausto, cujos erros tinham sido pagos com o sofrimento e com os ideais humanitários que nortearam os últimos anos de sua existência.

No final, consegue ir ao Paraíso por ter perdido apenas a metade da aposta com o demônio.

> Os anjos anunciam:
> Quem de vós tocado
> Santo fogo ardente,
> Aos santos ligado
> Ditoso se sente.
> Cantemos em coro,
> Da vitória a palma!
> O ar está puro,
> Respire esta alma.
> Elevam-se arrebatando a parte imortal de Fausto.[122]

Fausto estudava muito e tinha fascínio pelo saber, pelo conhecimento. Contudo, busca o sentido da vida e faz o processo de individuação entrando em contato com a figura arquetípica do diabo, a própria Sombra personificada por Mefistófeles. Fausto, por ter mantido suas emoções reprimidas por tanto tempo, ao deixá-las fluir, comportando-se tal qual um adolescente, dissocia. Como se envolve profundamente com seus conteúdos sombrios, arruína sua vida. Chega a experimentar o Mal em várias nuances, transformando-se até chegar à busca do humanitarismo. Durante a busca pelo sentido da vida, passa por várias etapas, volta-se para dentro de si na

---

122. GOETHE, J. W. *Fausto*. 1. ed. São Paulo: Martin Claret, 2003. p. 473.

busca de soluções para problemas existenciais. Tem a vivência do amor por Margarida, sente arrependimento pela morte da amada, da mãe e do irmão de Margarida. Finalmente tem um sentimento humanitário ansiando por um país renovado, baseado na felicidade e na convivência benéfica entre os seres humanos.

Fausto é uma obra que relata simbolicamente a vida de Goethe. A busca pelo significado da existência é o mito do homem moderno que precisa descobrir o mistério e o numinoso. O mito de Fausto passa a ser um modelo de caminho para a humanização. Goethe demonstra que a iluminação espiritual está dentro de nós e, para tal, é necessário aceitar a *anima*, o componente feminino do nosso ser.

É importante frisar que no texto de Goethe, ao dialogar com Fausto, Mefistófeles pronuncia: "Parte da força que, empenhada no mal, o bem promove". O escritor demonstra uma brilhante compreensão da vida, pois percebe que o mal pode se transformar em bem, ou seja, a Sombra pode ser elaborada e transformada no processo de individuação.

No texto Memórias, Sonhos e Reflexões, Jung cita a influência de Fausto durante a sua juventude:

> O espírito desses tempos aprisionou-me inconscientemente nos anos de juventude (por volta de 1893), e eu não tinha meio algum de fugir a ele. Fausto fez vibrar em mim uma corda e me atingiu de tal maneira que só podia compreendê-lo de um ponto de vista pessoal. O problema dos contratos, do bem e do mal, do espírito e da matéria, do claro e do obscuro, foi algo que me tocou profundamente. Fausto, filósofo inepto e ingênuo, depara com seu lado obscuro, sua sombra inquietante: Mefistófeles. A despeito de sua natureza negativa, Mefistófeles diante do sábio carcomido, que se aproxima do suicídio, representa o verdadeiro espírito da vida. Meus contrastes interiores apareciam assim sob a forma do drama. Goethe, de alguma forma, havia expulsado um esquema de meus próprios conflitos e soluções. A dicotomia Fausto-Mefisto, confundia-se para mim num só homem e este homem era eu! Em outras palavras, sentia-me

> atingido, desmascarado e, uma vez que era esse o meu destino, todas as peripécias do drama me concerniam pessoalmente. Apaixonadamente, sentia-me obrigado a aceitar isto, a lutar contra aquilo, nenhuma solução me era indiferente. Mais tarde, em minha obra, parti do que Fausto deixara de lado: o respeito pelos direitos eternos do homem, a aceitação do antigo e a continuidade da cultura e da história do espírito.[123]

Em um outro caso, o conto de Oscar Wilde, Dorian Gray é um jovem belíssimo de 20 anos, que fazia parte da alta burguesia inglesa. O pintor Basil Hallward faz seu retrato e se apaixona por ele. Dorian queria conservar-se sempre jovem e, quando vê o retrato, diz:

> - Que tristeza! - falou Dorian - Eu irei ficando velho, feio, horrível. Mas este retrato se conservará eternamente jovem. Se fosse o contrário! Por esse milagre eu daria tudo, até a alma!
> - Eu me oporia a isso - disse o pintor.
> - Acredito, Basil. Para você não passo de uma figura. Mas por quanto tempo gostará de mim? Sei agora que, perdendo a bela aparência, perderei tudo. No mundo só a mocidade vale. (...) O quadro me confirma isso. Quando achar que estou envelhecendo, suicidar-me-ei.[124]

Dorian se apaixona por Sibyl Vane, uma jovem artista que ao fazer uma peça de teatro, representa muito mal o seu papel. Dorian, decepcionado, se desapaixona. A moça desesperada se suicida. Ao chegar em casa, Dorian olha para o retrato e percebe que as feições estavam alteradas, demonstrando maldade e cinismo. Então, a Sombra emerge do inconsciente, possuindo o Eu, fazendo com que Dorian passe a viver de forma inconsequente, envolvendo-se em um destino maldito, assassinando seu amigo Basil. Ele também induz outro amigo ao suicídio, depois de obrigá-lo a se desfazer

---

123. JUNG, Carl Gustav. *Memórias, Sonhos e Reflexões*. 13. ed. Rio de Janeiro: Nova Fronteira, 2006. p. 267.

124. WILDE, Oscar. *O Retrato de Dorian Gray*. 1. ed. Rio de Janeiro: Ediouro, 1995. p. 23.

do cadáver de Basil. Dessa forma, o quadro vai se alterando, transformando-se na figura de um monstro, cujas mãos jorravam sangue. Aos 40 anos, Dorian pensou em mudar de vida, tornando-se uma pessoa bondosa, escondendo o quadro em sua antiga sala de estudo. Quando vai até a sala e olha o retrato, percebe que apesar de suas ações beneméritas, a imagem se mantém horrenda. Percebe, então, que estava usando a máscara da bondade, e que o quadro demonstrava sua Sombra, seu mau caráter.

> Dorian Gray olhou à sua volta. Viu a faca com que matara Basil Hallwart. Estava brilhante, limpa. Matara o pintor. Mataria o quadro. E ele estaria livre! Livre desta tela monstruosa, dotada de alma. Viveria finalmente em paz. Segurou, pois, a faca e trespassou o retrato.[125]

Ele dá um grito pavoroso de agonia e os criados acordam, alarmados. Depois de arrombarem a porta, veem na parede da sala o magnífico retrato de Dorian no esplendor de sua mocidade.

> No chão estava o que restava de um homem. Vestido em traje de rigor, com uma faca cravada no peito. Ele estava lívido. Enrugado. Repugnante. Só pelos anéis os criados conseguiram identificá-lo.[126]

Os contos de Dr. Jekyll e Dorian Gray são clássicos da literatura que terminam em tragédia pela dificuldade na elaboração e conscientização da Sombra pelo Eu. Eles cometem a *hybris*, um conceito grego que pode ser traduzido como "tudo que passa da medida", arrogância. No entanto, no conto de Fausto, a individuação acontece porque houve a elaboração da Sombra.

Boechat cita Dorian Gray como *puer aeternus*:

> Do ponto de vista do estudo das neuroses, o arquétipo do *puer aeternus* é por demais complexo, aparecendo na clínica sob as mais diversas roupagens. Infantil, dependente, apegado à mãe, como sua configuração

125. WILDE, Oscar. *O Retrato de Dorian Gray*. 1. ed. Rio de Janeiro: Ediouro, 1995. p. 126.
126. WILDE, Oscar. *O Retrato de Dorian Gray*. 1. ed. Rio de Janeiro: Ediouro, 1995. p. 127.

mítica, o *puer* recusa-se a crescer, a ser responsável, a sujeitar-se à sucessão temporal, como já o fizera Dorian Gray em Oscar Wilde.[127]

Stevens explica a nossa fascinação por Fausto e Mefistófeles, por Jekyll e Hyde e por Dorian Gray:

> Nossa fascinação por Fausto e Mefistófeles, por Jekyll e Hyde deriva da natureza arquetípica do problema que eles cristalizam. Num sentido, tanto Fausto como o Dr. Jekyll são heróis, pois ousam fazer o que a maioria de nós evita: preferimos nos comportar como Dorian Gray, vestindo uma face (Persona) inocente para o mundo e mantendo ocultas nossas qualidades más, na esperança de que ninguém as descubra. Entretemos pensamentos de "perder" a Sombra, renunciar à nossa dualidade moral, expiar o pecado de Adão e, novamente reconciliados com Deus, reingressar no Jardim do Éden. Inventamos a Utopia, o El Dorado ou Shangri-lá, onde o mal é desconhecido. Buscamos consolo nas fantasias marxistas ou rousseaunianas de que o mal não está na nossa natureza e, sim, na sociedade "corrompida" que nos mantém agrilhoados; bastaria mudar a natureza da sociedade para que o mal desaparecesse para sempre deste mundo.[128]

A Sombra no mito "A Caverna de Platão"

> *O alcance do que pensamos e fazemos*
> É limitado pelo que deixamos de notar.
> *E por deixarmos de notar o que*
> *deixamos de notar*

---

127. BOECHAT, Walter. *A mitopoese da psique:* mito e individuação. 2. ed. Petrópolis: Vozes, 2009. p. 62.

128. STEVENS, Anthony. A Sombra na história e na literatura. In: ZWEIG, Connie; ABRAMS, Jeremiah (Orgs.). *et al. Ao encontro da Sombra*: o potencial oculto do lado escuro da natureza humana. 9. ed. São Paulo: Cultrix, 1999. p. 50.

pouco podemos fazer para mudar,
até que notemos
como o deixar de notar
forma nossos pensamentos e ações.
(R. D. Lang)

O Mito da Caverna, também conhecido como "Alegoria da Caverna", é uma passagem do livro "A República", do filósofo grego Platão.

Em uma caverna insólita, seres humanos que ali nasceram e cresceram permaneciam isolados. Em volta desta caverna existiam muros altos, separando-a do mundo exterior.

Os seres que a habitavam ficavam acorrentados, forçados a olhar para uma parede que ficava no fundo da caverna, onde sombras de outras pessoas eram projetadas. Neste local ficavam analisando e julgando as situações das sombras que de lá viam. Sons de vozes vinham de fora; eram os homens que estavam em volta de uma fogueira que se mantinha acesa do outro lado, porém os prisioneiros achavam que as sombras eram a realidade.

Platão sugere que um dos prisioneiros fosse libertado e levado para longe da caverna, com o intuito de observar o que aconteceria. Provavelmente, chegando do lado de fora, esse prisioneiro teria dificuldades em enxergar em função da claridade ofuscante do Sol. Contudo, aos poucos conseguiria visualizar manchas e imagens e, em seguida, se depararia com a existência do mundo maravilhoso, com seres de verdade, a natureza, os animais e perceberia que passou a vida toda analisando e julgando apenas imagens projetadas.

Se ele decidisse voltar à caverna para revelar aos outros prisioneiros a situação enganosa em que se encontravam, e se contasse as maravilhas que descobriu lá fora, correria sérios riscos, segundo Platão: seria desacreditado, ridicularizado, chamado de louco e inclusive ameaçado de morte.

Sócrates foi pressionado pelos cidadãos de Atenas a tomar cicuta (planta pela qual se faz um veneno fortíssimo), justamente porque quis mostrar novos conceitos aos homens acorrentados a preconceitos e falsas crenças. Platão, seu discípulo, com a "Alegoria da Caverna", demonstrou que novas ideias e novos conhecimentos muitas vezes são refutados e desacreditados por pessoas rígidas e preconceituosas.

Existe uma Sombra pessoal e coletiva em relação aos novos conceitos, novas ideias e ao abandono de percepções arcaicas do mundo. Na clínica é recorrente o aparecimento de pacientes resistentes ao autoconhecimento, principalmente à percepção da Sombra, porque costumam projetar seus aspectos sombrios nos outros. Verificam-se também culturas com Sombra coletiva destrutiva como, por exemplo, as mulheres maltratadas em nações inteiras: reprimidas, desprezadas, castigadas e rejeitadas. A pena de morte é adotada em países que se julgam desenvolvidos, mas que na verdade se mantêm acorrentados a punições arcaicas. A vingança ou a lei de talião, também dita pena de talião, consiste na rigorosa reciprocidade do crime e da pena - apropriadamente chamada retaliação. Esta lei é frequentemente expressa pela máxima olho por olho, dente por dente. É uma lei muito antiga, mas ainda praticada em diversas culturas que não aceitam as leis de alteridade.

A Sombra da arrogância (pecado da *hybris*)

> *"E se é um déspota que quereis destronar, verificai primeiro se seu trono erguido dentro de vós está destruído".*
>
> (Gibran Khalil)

Hybris é o pecado da arrogância, punido pela deusa Nêmesis que representa a vingança divina (*a inevitável*), e o resultado é inexorável: "O preço do pecado é a morte".[129]

Para ilustrar o pecado da *hybris*, podemos elaborar simbolicamente o filme "Feitiço do tempo", de 1993.

A Sombra no filme "O Feitiço do Tempo"

> *"Não há despertar de consciência sem dor. As pessoas farão de tudo, chegando aos limites do absurdo para evitar enfrentar a*

129. Novo Testamento - Romanos 6:23.

sua própria alma. Ninguém se torna iluminado por imaginar figuras de luz, mas sim por tornar consciente a escuridão."

(Carl Gustav Jung)

Dirigido por Harold Ramis, o filme demonstra a compulsão de repetição ou neurose. O personagem principal foi representado por Bill Murray. A história é vivida na época do inverno no Estados Unidos. Phil Connors, um jornalista frustrado com seu emprego de repórter do tempo, é designado para cobrir um evento em uma pequena cidade onde havia anualmente o "dia da marmota", uma tradição do final de inverno que consistia em, por meio do comportamento da marmota, saber antecipadamente se nos últimos dias da estação haveria nevasca.

O repórter era um homem arrogante, agressivo, e por isso tinha dificuldades em se relacionar com as pessoas de um modo em geral. Quando chegou à cidade com os outros colegas, preferiu ficar em um hotel separado, menosprezando principalmente uma mulher que se interessava por ele. A previsão dele, feita de maneira prepotente, foi contrária à da marmota. Logo após a reportagem resolveu voltar para casa, porém uma forte nevasca o deteve no caminho. Foi para um hotel muito irritado por ter que ficar em uma "cidade do interior" por mais alguns dias. Naquela noite, colocou o despertador para acordar cedo e passou o dia seguinte andando pela cidade extremamente raivoso - principalmente quando encontrou um colega, a quem deu pouca atenção, pisando em seguida em uma poça de água.

No dia seguinte o despertador voltou a acordá-lo no mesmo horário. Ele viveu as mesmas cenas e se comportou da mesma forma. Surpreendeu-se ao notar que o dia anterior se repetiu. Os dias subsequentes foram semelhantes e então percebeu que somente se ele mudasse os comportamentos inadequados que estavam fixados na Sombra poderia transformar a vivência das cenas que se repetiam. Ele, aos poucos, transformou a agressividade destrutiva em criativa.

Este filme demonstra o caminho de individuação vivido pelo personagem, que provavelmente foi tomado pelo poder ao ter sucesso. Este personagem havia sido possuído pelo pecado da *hybris*, pois era narcisista e arrogante, e compulsivamente expressava sua agressividade, principalmente ao menosprezar os demais. Ele consegue elaborar e transformar essa agressividade defensiva pois, ao ter a possibilidade de experimentar diversas reações frente aos mesmos episódios cotidianos, entrou em contato com diferentes consequências (punitivas ou não) de suas condutas. Tornou-se mais assertivo e aos poucos foi liberando a afetividade que estava fixada na Sombra. Tal fato possibilitou um envolvimento amoroso com a mulher que inicialmente desprezara e então permitiu que o tempo voltasse a transcorrer normalmente.

A Sombra na literatura "Leite derramado"

O Frasco

Fortes perfumes há que a matéria filtram
Tem poros, tanto que o cristal penetram.
Certo, quem abre um cofre oriundo do Oriente,
E cujo fecho range, e lamentosamente,
Ou em casa deserta algum poeirento armário,
Guardando o odor do Tempo, solitário,
Pode um frasco encontrar e que algo rememora,
E donde irrompe uma alma que viveu outrora.

E pensamentos mil, qual funerais crisálidas,
Docemente a fremir, pelas trevas esquálidas,
Vão empreendendo o voo, ao desdobrarem a asa,
Tintas de rosa e azul, laminadas de brasa.

Eis as recordações, que afagam e que afligem,
Pelo ar turbado; o olhar se apega; eis que a vertigem
Segura a alma vencida e a impele, de mãos pasmas,
A abismo a anoitecer dos humanos miasmas;
E precipita-a enfim no abismo centenário,
Tal qual Lázaro, rasgando seu sudário,
Move, no despertar, o cadáver espectral
De um velho amor ranço, gracioso e sepulcral.

E quando eu me perder na universal memória,
Jogado num desvão de uma gaveta inglória;
Quando se me atirar, velho frasco magoado,
Caduco, poeirento, sujo, viscoso e rachado,

Teu túmulo serei, amável pestilência!
Testemunho da tua força e tua virulência,
Ó Veneno no céu preparado, ó licor
Que me rói sempre! Ó vida! Ó morte!
Ó meu amor!

(Charles Baudelaire)

No texto "Leite derramado" de Chico Buarque, o personagem principal é um ancião que está em um leito de hospital. Este idoso imagina estar conversando com as enfermeiras, com a filha, ou com qualquer outra pessoa que esteja por ali. Ele é membro de uma tradicional família brasileira e conta a história de seus ancestrais: um barão, um senador e toda sua linhagem até o tataraneto. Uma família desestruturada pela decadência social e econômica.

Diz para a enfermeira:

> Quando eu sair daqui, vamos nos casar na fazenda da minha feliz infância, lá na raiz da serra. Você vai usar o vestido e o véu da minha mãe, e não falo assim por estar sentimental, não é por causa da morfina. Você vai dispor dos rendados, dos cristais, da baixela, das jóias e do nome da minha família. Vai dar ordens aos criados, vai montar no cavalo da minha antiga mulher. E se na fazenda ainda não houver luz elétrica, providenciarei um gerador para você ver televisão. Vai ter também ar condicionado em todos os aposentos da sede, porque na baixada hoje em dia faz muito calor (...) Mas se você não gostar da raiz da serra por causa das pererecas e dos insetos, ou da lonjura ou de outra coisa, poderíamos morar em Botafogo, no casarão construído por meu pai. Ali há quartos enormes, banheiros de mármore com bidês, vários salões com espelhos venezianos, estátuas, pé-direito monumental e telhas de ardósia importadas da França.[130]

O velho doente, mesmo com uma doença terminal e sabendo da falência econômica pela qual sua família passou, continua imaginando que tem condições tanto financeiras quanto sociais, e que ainda goza de boa saúde para contrair matrimônio com a enfermeira.

A arrogância e a prepotência do passado continuam existindo no presente, porque provavelmente a defesa da *hibrys* e da negação o protegem da consciência da realidade e não permitem que haja a elaboração da Sombra e a integração da humildade.

---

130. HOLLANDA, Chico Buarque de. *Leite derramado*. 3. Ed. São Paulo: Cia das Letras, 2009. p. 4.

A Sombra na psicopatia

A Sombra na literatura "Barba Azul"

Os únicos demônios do mundo são aqueles
que entram nos nossos corações.
É aí que a batalha deveria ser travada.
(Mahatma Gandhi)

Este é um dos oito contos de Perrault, publicados em 1697, na obra "Histórias ou contos dos tempos passados com moralidades", mais conhecida como "Contos da Mãe Gansa".

Era uma vez um homem que tinha uma barba azul que causava ojeriza a várias mulheres. No entanto, como ele era riquíssimo e sedutor e morava em um palácio, as jovens acabavam se envolvendo e desejando ser sua mulher. Ninguém sabia o que acontecia com suas esposas que desapareciam por encanto.

O Barba Azul conquista uma jovem e se casa, e com ela se comportava como um cavalheiro. Um dia viaja a negócios e dá à esposa todas as chaves da casa, mas a proíbe de entrar em um dos quartos.

A mulher, muito curiosa, resolve abrir a porta do tal quarto e percebe que o chão está coberto de sangue. Ao levantar os olhos vê vários cadáveres (das ex-esposas) pendurados no teto. Se assusta e deixa cair a chave no chão, que fica manchada para sempre. A jovem envia um criado à cidade para avisar seus irmãos.

Quando o Barba Azul volta de viagem, percebe o sangue na chave, avisa que vai matá-la e começa a estrangulá-la. Por sorte os irmãos dela chegam a tempo de salvá-la. A jovem donzela termina herdando toda a riqueza do facínora.

Barba Azul tinha um problema patológico grave, era um psicopata. Pode-se inferir que a doença tenha vindo por traumas passados, ou era congênita. Provavelmente Barba Azul tinha um complexo de inferioridade por sua feiura e um complexo de superioridade por sua riqueza, um narciso convicto que se transformou em um sádico assassino.

A jovem atraída por sua sedução e riqueza se entrega ao homicida por ingenuidade ou interesse. Eis aqui sua Sombra: interesse material, submissão e inocência. Ela correu perigo de morte porque não conseguiu avaliar a Sombra do Barba Azul.

A seguir é relatada uma minissérie produzida pela Rede Globo, que conta a história de um *serial killer*, passível de ser associada à história do Barba Azul.

A Sombra da minissérie "As Noivas de Copacabana"

> *Não sabemos nada sobre o homem.*
> *Sua psique deveria ser estudada, pois somos a origem de todo o mal vindouro.*
> (Carl Gustav Jung)

"As Noivas de Copacabana" é uma minissérie brasileira produzida pela Rede Globo. Foi exibida pela primeira vez, em 16 capítulos, de 2 a 26 de junho de 1992. Escrita por Dias Gomes, Ferreira Gullar e Marcílio Moraes, teve direção de Maurício Farias e Mauro Farias, com direção geral de Roberto Farias.

A história se passa em 1989, no Rio de Janeiro. Donato Menezes (Miguel Falabella) sofria com uma terrível obsessão: apenas conseguia chegar ao orgasmo quando mantinha relações sexuais com mulheres vestidas de noiva. Era um brilhante profissional, restaurador de obras de arte e noivo da bela jovem, Cinara (Patrícia Pillar).

A jovem sempre o assediava com provocações e ele pedia veementemente que ela se afastasse porque temia que ao manter relações sexuais com ela, poderia matá-la.

A minissérie inicia-se com Donato e a jovem Maryrose (Patrícia Novaes) namorando à noite em uma praia deserta. Ele pede que ela coloque um vestido de noiva e no meio da relação sexual ele começa a gritar impropérios como: vagabunda e prostituta. Em seguida, ela é estrangulada brutalmente por ele.

Donato envolvia-se com as vítimas por meio de anúncios de vestidos de noivas colocados em jornais. Procurava as "presas", seduzindo-as com romantismo até chegar o momento do crime.

As vítimas de Donato eram de diversas classes sociais: Marilene (Tássia Camargo) era uma professora, Kátia (Cristiane Torloni) uma socialite e Fátima (Ana Beatriz Nogueira) era filha de um pastor protestante.

Os crimes tinham semelhanças entre si e o detetive França (Reginaldo Faria), fica intrigado ao investigar os delitos, pois percebe que poderiam ter sido praticados por um *serial killer*.

Donato levava uma vida acima de qualquer suspeita, morava com sua tia Eulália (Yara Lins) que o amava e tinha como amigos Paulão (Ricardo Petraglia) e sua noiva Cinara com quem mantinha relações afetuosas.

França era o único que suspeitava de Donato. O detetive estava em crise no casamento e começa a namorar Leiloca (Branca de Camargo), que foi usada como isca para atrair o assassino. Ela coloca anúncio de um vestido de noiva e espera Donato aparecer. O plano dá certo e ele é preso e julgado, mas por falta de provas é absolvido.

A causa da obsessão de Donato vem de um antigo relacionamento com Helena (Lala Deheinzelin), porque às vésperas do casamento, descobre sua traição. Enquanto ela experimentava o vestido de noiva, ele rasgou-o em pedaços e tentou assassiná-la, mas Helena fugiu. Ele jurou matá-la e como não conseguira, eliminava outras mulheres em seu lugar.

Donato, em liberdade, consegue ter relações sexuais com Cinara e a pede em casamento. Helena, a ex-noiva, fica sabendo da notícia pelo jornal e resolve avisar o detetive França para evitar que a jovem se torne mais uma vítima.

Cinara descobre toda a verdade e outro plano é armado pelo detetive: Cinara se casa com Donato, e, na noite de núpcias, sai do quarto e Helena entra vestida de noiva. O psicopata revela sua verdadeira personalidade e ao tentar matar Helena é preso, condenado e enviado a um Manicômio Judiciário por tempo indeterminado.

Donato foge do presídio e na última cena da minissérie aparece olhando um jornal, circulando a lápis um anúncio de venda de vestido de noiva.

É importante frisar que esta minissérie é baseada em uma história verídica, conforme a reportagem de Cláudio Júlio Tognoli, no Jornal Folha de São Paulo, de 14 de Julho de 1992:

> Quatro mulheres reconheceram ontem o desempregado Heraldo Barroso Madureira, 43, como o "estuprador de noivas". Preso no município de São Gonçalo (RJ), ele é acusado de assaltar e violentar pelo menos cinco mulheres recém-casadas que anunciavam nos jornais a venda de seus vestidos de noiva.
> Heraldo Madureira é um daqueles personagens que involuntariamente passaram para a história da telenovela. Dias Gomes se baseou nos ataques para escrever uma obra de ficção, a minissérie "Noivas de Copacabana", da TV Globo, protagonizada por Miguel Falabella no mês passado.
> Madureira disse à polícia que praticou dois assaltos nos últimos dois meses. Nega os estupros. Condenado a 30 anos de prisão, por roubo e estelionato, ele estava foragido do Manicômio Judiciário do Rio.
> Usando o nome falso de Mário Bessa, segundo as vítimas, Madureira chegava a elas pelos anúncios dos vestidos, mas acabava se oferecendo para comprar objetos.
> Haroldo foi transferido ontem para o Instituto Penal Ari Franco, em Bangu (zona oeste do Rio).[131]

É impressionante como a história do Barba Azul pode se repetir na vida real, como aconteceu também com o *serial killer* conhecido como o "Maníaco do Parque": seduzia as jovens para serem fotografadas, as levava para o parque e depois de estuprá-las, retirava os cadarços dos tênis e as estrangulava.

A minissérie "As Noivas de Copacabana" é uma ficção baseada na história real do "estuprador de noivas", Heraldo Madureira, conforme a citação anterior.

O enredo mostra um grande trauma vivido por Donato, que estava prestes a se casar e foi traído pela noiva. Entretanto, o rapaz não tinha

---

131. TOGNOLI, Cláudio Julio. *Folha de São Paulo*, São Paulo, 14 jul. 1992. Caderno Cotidiano, p. 3.

resistência à frustração, e não conseguiu ter resiliência, ou seja, superar a traição, por isso quis matá-la vestida de noiva. Pode-se inferir que se conseguisse matá-la vestida assim, ele estaria acabando com o símbolo do casamento. Como não conseguiu seu intento, passou a projetar a traidora (a quem chamava de "vagabunda e prostituta") em outras mulheres, que ele assassinava somente quando estavam vestidas com a roupa que simbolizava a união nas núpcias. Ele não conseguia se separar da noiva que o traiu e todos os assassinatos eram simulações fantasiosas da realização da separação. Sabe-se que a psicopatia é uma patologia grave, porém existem diferentes teorias com relação à causa da mesma.

A Sombra na literatura "Grande Sertão: Veredas"

Nem tudo o que se enfrenta pode ser modificado.
Mas nada pode ser modificado até que seja enfrentado.
(Albert Einstein)

João Guimarães Rosa, o escritor do clássico da literatura brasileira "Grande Sertão: Veredas", relata o encontro de Riobaldo com o Diabo em uma encruzilhada. O próprio autor afirmava que no sertão falava-se a língua de Goethe e Dostoievski. Grandes obras compõem o "Grande Sertão: Veredas". Guimarães Rosa se inspirou em trechos de "Fausto" de Goethe e de "Crime e castigo" de Dostoievski, cujas obras focam aspectos sombrios, ou seja, manifestam a Sombra dos personagens principais.

Riobaldo se encontra com o Diabo:

> A encruzilhada era pobre de qualidade dessas. Cheguei lá, a escuridão deu. Talentos de lua escondida. Medo? Bananeira treme de todo lado. Mas, eu tirei de dentro do meu tremor as espantosas palavras (...) o que eu estava tendo era o medo que ele estava tendo de mim! Quem é que era o Demo, o Sempre-Sério, o Pai da Mentira? Ele não tinha carnes de comida da terra, não

> possuía sangue derramável. Viesse, vinha para me obedecer[132]. (...) Mas o demônio não precisa de existir para haver – a gente sabendo que ele não existe, aí é que ele toma conta de tudo."[133] (...) Mas aquilo de ruim-querer carecia de dividimento – e não tinha; o demo então era eu mesmo?[134] (...) será que pode também ser que tudo é mais passado revolvido remoto, no profundo, mais crônico: que quando um tem noção de resolver a vender a alma sua, que é porque ela já estava dada vendida, sem se saber; e a pessoa sujeita está se certificando o regular dalgum velho trato – que já se vendeu aos poucos, faz tempo? Deus não queira.[135] (...) O pacto nenhum - negócio não feito. A prova minha era que o Demônio mesmo sabe que ele não há, só por só, que carece de existência. E eu estava livre limpo de contrato de culpa, podia carregar nômina; rezo o bendito![136]

Riobaldo tinha medo do Demo, mas conta que este também tinha medo dele; que o "Sempre-Sério" não tinha corpo físico nem sangue, porém que existia de fato. Afirma que se acharmos que ele não existe, ele acaba tomando conta de tudo. Revela também que o "Ruim-Querer" (demônio) não era separado de si, era Riobaldo mesmo, que se alguém resolve vender a alma, é porque a mesma estava vendida anteriormente; a pessoa apenas oficializa aquilo que tinha sido feito; e, também, afirma que como não assinou contrato com o demônio, podia carregar a nômina (relíquia).

A Sombra, quando é constatada pelo Eu, pode ser percebida como algo que não existe, então é reprimida, podendo possuir o Eu. Quando reconhecemos que ela existe de fato, podemos transformá-la. Riobaldo percebe que a Sombra não estava separada de si, mas era dele. Quando não faz o pacto com o Diabo, não permite que a Sombra domine o Eu.

---

132. ROSA, João Guimarães. Grande Sertão: Veredas. 1. ed. Rio de Janeiro: Nova Aguilar, 1994. p. 597.

133. *Idem, ibidem*, p. 77.

134. ROSA, João Guimarães. Grande Sertão: Veredas. 1. ed. Rio de Janeiro: Nova Aguilar, 1994, p. 673.

135. *Idem, ibidem*, p. 48.

136. *Idem, ibidem*, p. 670.

Sombra e suicídio

O conhecimento baseia-se não só na verdade, mas no erro também.”

(Carl Gustav Jung)

> O suicídio é o problema mais alarmante da vida. Como se pode estar preparado para ele? Como se pode entendê-lo? Por que é evitado? Ele parece irremediavelmente destrutivo, deixando atrás de si culpa e vergonha e uma desalentada estupefação. O mesmo ocorre na análise: para o analista, o suicídio é mais complexo ainda que a psicose, a tentação sexual ou a violência física, porque representa a síntese da responsabilidade que um analista carrega. Mas ainda, é fundamentalmente insolúvel, porque não é um problema de vida, mas de vida e de morte, trazendo consigo todos os imponderáveis da morte.[137]

A Sombra na literatura de “O Sonho de um Homem Ridículo”

Dentro de cada um de nós há um outro que não conhecemos. Ele fala conosco por meio dos sonhos

(Carl Gustav Jung)

Em 1877, Dostoievski escreveu um conto chamado “O Sonho de um Homem Ridículo”, que demonstra o caminho para o Si-mesmo por meio da Sombra. Este conto é sobre um homem que sempre se achou ridículo. Aos sete anos de idade foi para a escola, depois para a universidade e quanto mais estudava, mais aprendia que era ridículo. Todos riam dele, o tempo todo. Em sua alma cresceu uma melancolia terrível. Foi então que ele resolveu se matar. Comprou um revólver, colocou na gaveta e pensou que no dia certo apareceria um sinal, avisando-o que era a hora de cometer o suicídio. Um dia, quando voltava para casa ao anoitecer, viu uma estrelinha no céu e pensou: é o sinal! É hoje que eu vou me matar. “Vou cair no esquecimento e vou me transformar em nada, absolutamente nada.” Foi

137. HILLMAN, J. *Suicídio e alma*. 1. ed. Petrópolis: Vozes, 1993. p. 25.

andando depressa para casa, quando de repente uma criança chorando se agarrou em seu braço, gritando: "Mãe! Mãe!". Ele a empurrou com força, derrubando-a no chão e continuou seguindo o seu caminho. Contudo, ficou tão impressionado com aquela criança que não parava de pensar nela, dizendo: logo hoje, um dia tão importante, essa criança veio me atrapalhar!

Chegando em casa, colocou o revólver em cima da mesa, mas continuava pensando na menina, até que adormeceu e sonhou que dava um tiro em seu coração e caía no chão, ensanguentado. Foi levado em um caixão e deixado em um túmulo no cemitério. Então, ele pensou: existe vida após a morte, porque eu continuo sabendo tudo o que está acontecendo. Neste momento, apareceu um ser que veio buscá-lo e o conduziu pelo espaço até que visse a Terra muito pequena, foi então que o homem sentiu profunda tristeza e pôde notar o quanto amava aquele lugar que acabara de deixar, onde ficaram os respingos de seu sangue.

Ele se encontrava em outra Terra, que parecia o paraíso, com árvores majestosas e pássaros pelo ar, que pousavam em seu ombro. Havia muita beleza também nos habitantes daquele lugar. Eram muito carinhosos com ele, que foi recebido com muito amor. Quando acordou, viu o revólver em cima da mesa e, percebendo que ainda estava vivo, resolveu viver a vida. Naquele mesmo minuto decidiu que viveria porque conhecia a verdade! Percebeu que as pessoas podem ser belas e felizes sem perder a capacidade de viver na Terra, e passou a acreditar, que embora os seres humanos tendo Sombra, o mal não é o seu estado normal! Foi um sonho compensatório. O encontro com a criança e o sonho trouxeram símbolos tão profundos que ele decidiu continuar vivendo. No conto de Dostoievski, conteúdos da Sombra foram elaborados, tais como a baixa autoestima, a desvalorização da vida, a depressão e a desistência da ideia suicida.

A Sombra no filme "Dança com Lobos"

Nossa 'área sombria' é uma região inexplorada e indomada que atua de forma imperceptível em nossas ações e atitudes.
(Francisco do Espírito Santo Neto)

"Dança com Lobos" (1990) é um filme norte-americano, dirigido por Kevin Costner, cuja história se passa no período da guerra civil americana. O tenente John Dunbar (Kevin Costner), depois de uma bem-sucedida batalha em Dakota, é recebido como herói. Ele havia lutado na Guerra de Secessão. Em determinado momento, achando que perderia a perna, pois costumavam decepá-la em casos de ferimento profundo, tenta o suicídio, passando por uma trincheira de combate entre seus aliados e os inimigos, esperando ser atingido. Ele passa pelo corredor da morte entre o fogo cruzado dos combatentes, porém seus inimigos não conseguem acertá-lo. Seu comandante confunde seu ato com heroísmo e lhe concede o direito de receber tratamento especializado, o que lhe permite curar-se, assim como o benefício de ser transferido.

O tenente escolhe a fronteira com as terras indígenas, pois estava deprimido e queria isolar-se, ficando longe do convívio com outras pessoas, uma vez que sofria com problemas de socialização. Ele era um homem agressivo e o início do filme mostra sua arrogância e agressividade compulsiva.

O tenente decidiu servir em uma região povoada pelos índios da tribo Sioux. Ficou alojado em uma pequena casa de madeira e sempre percebia um lobo que se aproximava. No primeiro encontro com o animal, pegou a espingarda para atirar, mas o lobo fugiu. Apesar desse fato, o animal continuou a visitá-lo com frequência, contudo ficava a uma distância segura. O tenente passou a conviver com os indígenas, e pouco a pouco aprendeu com eles hábitos e costumes que integrou para si mesmo. O lobo foi sendo domesticado pela presença do tenente.

Desta forma, podemos inferir que o lobo simboliza a agressividade do tenente, que estava na Sombra e passou a ser integrada no Eu de forma criativa. O afeto de John é demonstrado aos poucos, e ele se envolve com uma mulher branca (Mary McDonnell), criada pelos Sioux.

O tenente John Dunbar acaba tornando-se um verdadeiro membro da tribo. Quando foi descoberto pelos superiores que estavam em missão de guerra, e não de paz, os militares que dizimavam os búfalos dos indígenas o procuraram. Para os Sioux, o búfalo era um animal sagrado e John se revoltou contra os militares, resolvendo viver junto aos indígenas.

Este filme demonstra o caminho da individuação ou humanização, em que o personagem John retoma em função da convivência com os Siouxs, Mary e o lobo. Um homem que foi condicionado a usar a agressividade compulsiva para matar acaba fazendo uma profunda transformação, demonstrada durante este longa metragem. Por meio dos símbolos existentes na cultura dos Siouxs, John foi levado ao encontro de Si-mesmo.

A Sombra na literatura "O Fantasma da Ópera"

Aquilo com que você não consegue coexistir não o deixará existir.
(Bill Spinoza)

"O Fantasma da Ópera" é um romance de Gaston Leroux, cuja ação se desenvolve no século XIX, na Ópera de Paris, um monumental e luxuoso edifício construído entre 1857 e 1874, sobre um enorme lençol de água subterrâneo.

> Dentro da Ópera de Paris viveu um fantasma — pobre de quem duvidou disso. O fantasma da Ópera habitava o imenso subterrâneo do teatro mais famoso de Paris, e de lá só saía para acalentar suas duas paixões, a música e a jovem cantora Christine Daaé. Prisioneiro de sua própria feiura, o fantasma perambula pelo teatro, ora aterrorizando quem zombou de sua existência, ora fazendo da voz de Christine a mais cristalina que Paris já escutou. Ninguém o vê, mas cedo ou tarde todos sentem — e temem — sua presença.[138]

O fantasma causava inúmeros acidentes no teatro. A bailarina e cantora Christine Daaé acreditava que ele era seu "Anjo da Música". O Visconde Raoul de Chagny patrocinava o teatro e foi o amor de infância de Christine. O fantasma Erik tinha uma deformidade na face, usava uma máscara e habitava o mundo subterrâneo do teatro. Christine descobre que o fantasma

138. LEROUX, Gaston. *O fantasma da ópera*. Porto Alegre: L&PM Pocket, 2012. p. 2.

não era o seu "Anjo", e é então raptada por ele. Raoul é levado pelo Persa até os labirintos subterrâneos, pois este conhecia o fantasma. Christine é forçada a escolher entre Erik e Raoul. Ela escolhe Erik porque quer salvar a vida das pessoas da ópera e, por consequência, o fantasma encarcera Raoul como refém. Quando Erik beija a testa de Christine, ela o aceita e o envolve com compaixão. O fantasma fica feliz e por gratidão liberta Christine, permitindo que ela se case com Raoul. O fantasma da ópera tem um último desejo: quer que ela coloque o anel que ele lhe deu em cima de seu túmulo quando ele morresse. Erik era um gênio, mas se escondia por causa de sua feiura. Após sua morte, quando desenterraram seus despojos mortais, o esqueleto estava usando um anel de ouro, que provavelmente Christine tinha vindo colocar em seu dedo antes de ser sepultado.

O fantasma da ópera escondia o defeito do rosto com uma máscara, mas seu maior defeito estava em sua alma, por isso morava no mundo subterrâneo e causava acidentes no teatro aterrorizando as pessoas. Ele demonstra que não era o Anjo de Christine, depois de raptá-la e encarcerar Raoul como refém.

O fantasma Eric assombrava as pessoas do teatro porque sua Sombra havia possuído seu Eu, por causa da revolta pela sua feiura. Estava atormentado pelo complexo de inferioridade e revoltado por ser rejeitado.

Christine fica fascinada por ele, mas depois percebe sua Sombra destrutiva. Contudo, quando Eric vislumbra a compaixão da jovem por ele, a liberta e permite que se case com Raoul. Ele sente gratidão por ela e, neste momento, o Eu se desprende da Sombra, conectando-se com o Si-mesmo. Quando o fantasma se dá conta do mal que estava fazendo, pede para que Christine coloque o anel que lhe dera em cima do túmulo. Pode-se inferir que foi então que sua alma descansou em paz.

A Sombra na mitologia suméria

Sombra: chama-me de irmão,
Para que eu não tema
Aquilo que busco.
(Anônimo)

A mitologia suméria conta a história de Inana, a Rainha do Céu que faz uma laboriosa viagem ao mundo subterrâneo.

Inana deixa o conforto familiar e inicia sua descida ao universo inferior com dificuldade. Paredes maciças protegiam este submundo de múltiplas camadas, com sete portais, um dentro do outro, com portões fechados com cadeados e monstros a servir de guardas. Em cada portal vai abandonando um símbolo de seu poder régio: a coroa, um colar, um adorno, um anel de ouro e um manto real e, revelando sua nudez, sente-se desamparada como uma criança.

Ao passar pelo último portal, encontra-se com sua irmã Ereshkigal, a rainha do submundo, um lugar sombrio onde os mortos são alimentados com pó, usam penas e ficam de pé no pátio como servos. A rainha se alimenta de barro e bebe água suja, e tem sentimentos arcaicos como a raiva, a inveja, o ciúme e a ambição. É uma devoradora e destruidora de tudo o que vê. Ao se deparar com a linda e fértil Inana, fica com tanta inveja que mata a irmã e pendura seu cadáver em uma parede. Quando sua morte é conhecida em seu reino, um sacerdote devidamente travestido chega até Ereshkigal e conquista-lhe o coração. Ele havia trazido consigo um frasco com água da vida e consegue ressuscitar Inana, que durante seu regresso recupera uma peça de seu vestuário em cada portal. Entretanto, a rainha já não é mais a mesma porque viveu momentos terríveis, mas necessários para a elaboração de sua Sombra.

O encontro com a Sombra é sempre um processo iniciático, a descida às profundezas é um despertar psicológico. É no caos e nas trevas que a vida se renova. O tema da morte do Eu ideal e da ressurreição espiritual está presente na história humana.

Boechat cita: "*Katábasis*, ou descida ao reino dos mortos, trajeto de todos os heróis, uma descida iniciática para uma posterior restauração, com renovação da consciência".[139]

Inana e Ereshkigal representam a mesma deusa em seus aspectos de luz e treva. Ao se desfazer de suas insígnias como Rainha do céu, foi de encontro às suas características mais escuras, mais reprimidas. Retornou da noite

139. BOECHAT, Walter. *A mitopoese da psique:* mito e individuação. 2. ed. Petrópolis: Vozes, 2009. p. 76.

escura da alma inteira e mais consciente porque reconheceu e acolheu seu lado sombrio.

Inana se encontra com sua irmã sombria e confronta-se com sua natureza instintiva, deixando de lado o orgulho e a vaidade. O confronto e elaboração dos opostos levam ao renascimento.

A Sombra e o amor

A Sombra no mito "Eros e Psiquê"[140]

Conta a lenda que dormia
Uma Princesa encantada
A quem só despertaria
Um Infante, que viria
De além do muro da estrada.
Ele tinha que, tentado,
Vencer o mal e o bem,
Antes que, já libertado,
Deixasse o caminho errado
Por o que à Princesa vem.
(Fernando Pessoa)

O mito foi narrado nos últimos tempos da antiguidade na história latina "O asno de ouro" de Lucius Apuleio.

Psiquê era uma mortal tão bela que despertou a inveja e raiva de Afrodite, deusa da beleza e do amor. Foi levada pelos seus pais, reis de Mileto, para consultar o oráculo, que previu seu destino: casar com um terrível monstro. Na realidade, esse casamento fazia parte de um plano de vingança de Afrodite.

140. NEUMANN, Erich. *Amor e Psiquê:* uma contribuição para o desenvolvimento da psique feminina. 10. ed. São Paulo: Cultrix, 1995.

A jovem é levada ao alto de um rochedo e deixada à própria sorte. Afrodite ordena a seu filho Eros, Deus do amor, que atinja a jovem com uma de suas flechas, fazendo com que se apaixone pelo monstro. No entanto, quando o jovem Deus vê a beleza de Psiquê, acidentalmente espeta o dedo em uma de suas flechas, apaixonando-se perdidamente por ela.

Eros pede ao vento forte Zéfiro que a leve para um lindo vale. A bela mortal é conduzida então a um majestoso palácio, e nota que deveria ser a morada de um deus, visto tamanha perfeição de todos os detalhes. Os desejos de Psiquê eram satisfeitos por ajudantes invisíveis, dos quais só podia ouvir a voz.

À noite, deitada em seus aposentos, percebe ao seu lado a presença de alguém que só poderia ser o seu esposo predestinado pelo oráculo. Entretanto, surpreendentemente ouve uma voz maravilhosa que diz que ele seria o melhor dos maridos, mas que ela jamais poderia vê-lo, caso contrário iria perdê-lo.

Psiquê se entrega ao amor nas mãos do próprio Deus do amor. Ela poderia ter o que quisesse, viveria em seu paraíso, desde que não tentasse saber quem era ele. A jovem concorda e nos dias que se seguem é completamente feliz, pois Eros era muito carinhoso e a fazia sentir-se muito amada.

Eros tinha sido encarregado pela vingança da mãe; no entanto, se apaixona por Psiquê, de quem deve se manter afastado para evitar a fúria de Afrodite.

Psiquê, embora muito feliz com o marido, sente saudades dos pais e pede para visitá-los. Apesar da advertência dos oráculos, Eros cede ao pedido da amada. Ao chegar à casa dos pais, suas irmãs sentem muita inveja e aconselham Psiquê a descobrir quem era seu marido, pois achavam que deveria ser uma entidade monstruosa.

À noite, após perceber que o marido dormia, a bela levanta-se e, tomando uma lamparina e uma faca, dirige a luz ao rosto de Eros, com a intenção de matá-lo. Quando ela vê um jovem lindo de rosto corado e cabelos loiros, sendo surpreendida, desastrosamente deixa cair o óleo da lamparina no ombro de Eros, que acorda em fúria e expulsa Psiquê do palácio, dizendo que não poderia existir amor sem confiança.

Ela volta para a casa dos pais e sai à procura de Eros, porém não o encontra. Vai até o templo de Afrodite e pede ajuda à Deusa que sabia o que havia acontecido com seu filho. Afrodite decide impor à jovem uma série de quatro tarefas, achando que Psiquê nunca conseguiria realizá-las.

Na primeira tarefa, a princesa deveria separar uma montanha de grãos de vários tipos durante uma noite. A jovem percebe que não irá conseguir e adormece. Ao acordar vê que foi ajudada por milhares de formigas que separaram os grãos dentro do prazo.

Afrodite ordena a segunda tarefa: Psiquê deveria trazer a lã de ouro, do velocino de ouro. Após longa caminhada, a jovem encontra os animais que eram tão ferozes que não permitiam que ela se aproximasse. No entanto, ela é aconselhada pelos juncos do rio a procurar um espinheiro localizado próximo ao lugar onde os carneiros bebiam água. Assim, a bela moça recolhe a lã que ficara presa nos espinhos e consegue realizar a tarefa, o que deixa Afrodite enfurecida.

Na terceira tarefa, a Deusa pede um pouco de água da nascente do Rio Estige. Contudo, a nascente do rio ficava em uma montanha alta, impossível de ser escalada. Uma águia de Zeus pega o frasco na mão de Psiquê e voa até o alto, enchendo-o. Mais uma tarefa realizada.

Afrodite ordena a quarta e última tarefa: Psiquê deveria ir ao Reino dos Mortos (o país de Hades) para pedir à Perséfone um pouco de beleza. A jovem teria que atravessar o Rio Estige em um barco conduzido por Caronte e passar pelo Cão Cérbero, guardião do portal do mundo dos ínferos. Uma torre aconselhou Psiquê:

> As decisões sobre a quarta tarefa são todas tomadas a partir dos conselhos da torre, que simbolizam decisões e discriminações mais derivadas da reflexão pessoal de um ego independente e responsável. (...) Assim as decisões de levar bolos de mel para Cérbero, dar moedas para o barqueiro Caronte e de não dar ajuda a qualquer ser, provêm de costumes já da tradição antiga presentes nos demais processos de catábase ao reino dos mortos.[141]

Depois de várias peripécias consegue chegar até a Deusa esposa de Hades, e a convence a encher uma caixa com sua beleza para levar a Afrodite. A torre também aconselha Psiquê a ter o cuidado de não olhar dentro da caixa,

141. BOECHAT, Walter. *A mitopoese da psique:* mito e individuação. 2. ed. Petrópolis: Vozes, 2009. p. 128.

pois os olhos mortais não são dignos de contemplar a beleza dos Deuses.

Psiquê, antes de entregar a caixa, pensa que sua própria beleza poderia estar desgastada e a abre, caindo em sono profundo. Eros imediatamente sente que sua amada estava em perigo e sai para socorrê-la. Ela consegue entregar a caixa para Afrodite. Eros pede a Zeus que permita que ele case com Psiquê e o Deus dos Deuses concede o pedido, assim Afrodite também concorda. A jovem é levada à Assembleia Celestial por Hermes e se torna imortal.

Eros se casa com Psiquê e juntos têm uma filha, Hedonê.

Psiquê vive o processo de individuação e passa por muitas dificuldades. No entanto, a jovem delicada se transforma em uma mulher heróica, que cumpre tarefas difíceis impostas por uma Deusa. Apesar disso, Psiquê havia confrontado um aspecto terrível da própria Sombra quando tentou matar Eros. A princesa, na busca pelo amor, sofre as agruras de uma mortal que anseia pela felicidade. É importante citar que Afrodite, sendo mãe de Eros, não quer perdê-lo para outra mulher, principalmente para uma jovem cuja beleza era fascinante.

Na prática, no trabalho clínico, constantemente depara-se com jovens perseguidas pelas sogras possessivas, que não permitem que seus filhos encontrem a felicidade com outra mulher.

O mito de Psiquê demonstra a alma humana, purificada por sofrimentos, angústias e adversidades, e então torna-se apta a usufruir da verdadeira felicidade. A representação de Psiquê nas obras de arte é de uma bela jovem com asas de borboleta, demonstrando que depois de ser uma lagarta, passa pela metamorfose e transforma-se em um ser alado, livre, podendo ser ela mesma. No mito da Psiquê ocorre o encontro com o Si-mesmo, e a bela jovem passa a viver o verdadeiro amor.

Eros, quando conhece Psiquê, tenta escondê-la da mãe, Afrodite, evitando um confronto por ainda ter sua *anima* aprisionada no complexo materno. Entretanto, ao perceber sua amada em perigo, a salva, assumindo-a como sua esposa e confrontando a mãe. Eros se liberta de Afrodite ao aceitar o amor de Psiquê.

> Essa lenda narra como a alma humana, através do amor, pode diferenciar-se dentro do que em psicolo-

gia analítica denominamos o processo de individuação. (...) Somente pelo amor pode a alma (Psiquê) diferenciar-se em direção à sua origem arquetípica divina.[142]

A Sombra no filme "O Feitiço de Áquila"

A minha Sombra é minha amiga ou minha inimiga?
Tudo depende da forma como a considero, como me relaciono com ela.
Quando a encontramos pela primeira vez, surge como uma inimiga.
O desafio é transformá-la em nossa amiga.

(Jean Monbourquette)

O filme "O Feitiço de Áquila" se passa na cidade europeia de Áquila, no século XII, palco de uma incrível história de amor. O bispo de Áquila (John Wood) soube que sua amada, a bela Isabeau (Michelle Pfeiffer), havia se apaixonado pelo capitão de sua guarda, Etienne Navarre (Rutger Hauer).

Enlouquecido pelo ciúme, o bispo lança uma maldição sobre o casal, fazendo um pacto demoníaco para garantir que eles passassem a ficar "sempre juntos e eternamente separados". Enfeitiçados, de dia ela se transformava em um falcão e durante a noite ele tomava a forma de um lobo negro, impedindo que o casal se encontrasse para viver o amor. Phillipe Gastón (Matthew Broderick), um fugitivo da prisão da cidade e o Padre Imperius (Leo McKern) procuram ajudar o casal.

Desesperado Navarre planeja matar o bispo, mas isso tornaria a maldição irrevogável.

No entanto, o Padre Imperius descobre como quebrar a maldição. Então, ele e Phillipe convencem os amantes a tentarem o seguinte plano: no prazo de três dias, um eclipse solar em Áquila iria criar um dia sem noite e uma noite sem dia. Quando os amantes estivessem juntos, em formas humanas e diante do bispo, a maldição seria quebrada.

A maldição funciona como uma metáfora para o Sol e para a Lua, que

---

142. BOECHAT, Walter. *A mitopoese da psique:* mito e individuação. 2. ed. Petrópolis: Vozes, 2009. p. 125.

nunca se encontram.

O falcão é um símbolo de beleza, representando a charmosa Isabeau. Por sua vez, o lobo, um animal solitário, revela por meio de seu uivo o lamento de Navarre.

O bispo expressa o poder exercido pela Igreja Católica naquela época.

Quando o amor abraça o lobo e o falcão, faz com que eles deixem de ser selvagens para tornarem-se companheiros. Os lobos e os falcões moram dentro de nós. Parafraseando Hilke: "Conter o selvagem, o selvagem inteiro, sem perder a doçura, isso é inefável".

É uma história de amor proibido, que revela um triângulo amoroso. O bispo representa o ciúme, o ódio de um homem rejeitado por uma mulher.

O bispo estava tomado pelo pecado da *hybris* por causa do poder que a Igreja Católica concedia ao clero.

O caminho percorrido por Navarre e Isabeau, os percalços e as angústias vividas pelos dois enquanto enfeitiçados, demonstram o processo de individuação. Tiveram que domesticar os animais selvagens internos para alcançar a liberdade de amar, a liberdade do amor.

Quando o *animus* de uma mulher não consegue ser projetado em um homem, por estar aprisionado no complexo paterno, forma-se a maldição de um amor proibido. A mulher não consegue viver a liberdade do amor com o companheiro por estar fixada na relação com o pai.

É muito comum, na análise clínica, nos depararmos com mulheres que mantêm uma relação simbiótica com o pai. Pode ser uma imago paterna idealizada ou odiada. Nestes casos, existe dificuldade de viver um laço, um vínculo de alteridade com o pai e geralmente acontece a competição com a mãe, formando um triângulo edípico. A mulher assim aprisionada tenta realizar-se amorosamente com o companheiro, mas não consegue enquanto não se conscientizar da relação incestuosa vivida com o pai ou com o substituto paterno.

Atendi uma paciente que durante a infância e adolescência foi impossibilitada de viver o relacionamento com o pai. A mãe não deixava a filha se aproximar do pai e receber o seu carinho. A menina ficava na sala de estar vendo o pai ler jornal e, se fazia menção de ficar perto dele, a mãe logo a afastava porque tinha ciúmes da filha.

O pai morreu quando ela tinha 14 anos e, por ter sido impedida de viver o vínculo com ele, passou a projetar a imago paterna nos namorados que apresentavam a mesma Sombra do pai, ou seja, homens que costumavam trair, homens infiéis, imaturos que necessitavam viver vários relacionamentos amorosos ao mesmo tempo.

Bárbara fez vários anos de análise e foi elaborando a Sombra paterna projetada nos namorados até conseguir se casar e ter um filho.

Na história "O Feitiço de Áquila", o bispo, um homem mais velho, provavelmente representava um pai incestuoso que não permitia que Isabeau vivesse a relação com Navarre. A maldição foi desfeita e o casal pôde viver a felicidade amorosa.

A Sombra na "Ópera Don Giovanni"

"Don Juan dos Infernos
Quando Don Juan desceu ao subterrâneo rio
E pagou o seu óbulo ao barqueiro supremo
De Antistenes rival, um mendigo sombrio,
Com braço firme e forte segurou cada remo.
Os seios a pender, as roupas entreabertas,
Mulheres se torciam ao negro firmamento,
Como um tropel de vítimas nas sangrentas ofertas,
Arrastavam atrás dele o mais longo lamento.

Sganarello reclamava o penhor e sorria,
Enquanto que Dom Luís em trêmulos arrancos
Mostrava a cada morto e pela margem fria
O filho que zombou de seus cabelos brancos

Fremindo do seu luto, a casta e magra Elvira,
Junto ao pérfido esposo e que foi seu amante,

Reto em sua couraça, homem de pedra, imenso,
Governava e timão e cortando a onda apagada,
Mas apoiado à espada, o herói, posto em silêncio,
Olhava a singradura mas não via nada."

(Charles Baudelaire)

Don Giovanni é a segunda ópera do compositor austríaco Wolfgang Amadeus Mozart, com libreto de Lorenzo Da Ponte. "Opera buffa" de dois atos, foi estreada em Praga em 1787.

É uma obra inspirada no mito de Don Juan, considerada uma das obras primas da história das óperas.

Personagens:

Don Giovanni (nobre sedutor)

Leporello (servo de Don Giovanni)

Comendador (pai de Donna Ana)

Donna Ana (filha do Comendador seduzida por Don Giovanni)

Don Ottavio (noivo de Donna Ana)

Donna Elvira (nobre seduzida por Don Giovanni)

Zerlina (jovem camponesa seduzida por Don Giovanni)

Mazetto (noivo de Zerlina)

Don Giovanni entra na casa de Donna Ana mascarado e tenta seduzi-la. Fora da casa Leporello, seu servo, espera por ele. O sedutor sai apressadamente e Donna Ana vai atrás para descobrir quem era ele. O Comendador, o velho pai de Ana, sai atrás de Don Giovanni e o chama para um duelo, e assim o Comendador é morto. Don Giovanni e Leporello fogem, mas Ana e seu noivo Don Ottavio encontram o cadáver do comendador. Donna Ana faz Don Otavio jurar que vingará a morte do seu pai.

Don Giovanni e Leporello estão na rua e encontram uma mulher cantando uma canção que expressa o abandono do seu amante. Don Giovanni a consola, mas percebe que a conhece, trata-se de Donna Elvira, e ele é o amante que a abandonou. Foge dali e pede para Leporello contar para Donna Elvira a longa lista de conquistas do sedutor.

Em uma aldeia próxima, Mazetto e Zerlina, dois camponeses, estão prestes a se casar. Don Giovanni se encontra com Zerlina e quando está a ponto de se declarar, aparece Donna Elvira que a alerta.

Don Giovanni muda de objetivo e seduz a criada de Donna Elvira, e em seguida faz uma serenata debaixo da varanda de Donna Elvira.

Don Giovanni continua com suas inúmeras conquistas. Ele e Leporello vão até o cemitério contemplar a estátua do Comendador. Escutam uma voz do "outro mundo", a voz da estátua, que promete vingança ao inveterado sedutor. Leporello fica estupefato e Don Giovanni fica tranquilo e, com muita audácia, faz um convite para a estátua cear com ele naquela noite.

O sedutor está muito alegre ceando em sua casa, fazendo brinde e dizendo: "Vivam as mulheres, viva o bom vinho, sustento da glória da humanidade", quando naquele instante entra na casa a estátua do Comendador para cumprir o convite que Don Giovanni lhe fez. Contudo, resolve convidar o sedutor para cear com ele no lugar de sua morada, então lhe dá a mão e o arrasta consigo até o inferno.

No final da ópera todos cantam: "A morte dos pérfidos é sempre igual à sua vida".

Don Giovanni demonstra um terrível conflito com o Comendador, ou seja, com a imago paterna, é imaturo, pois projeta a mãe nas mulheres que seduz.

> A figura de Don Juan conquistador é bastante conhecida como tipificando a imaturidade masculina. Seu falicismo obcecado esconde seu homossexualismo mal resolvido, em mulheres fugidias disfarça-se a mãe. A ópera Don Giovanni, de Mozart, traz de forma clara as dificuldades com o pai, o princípio do logos, na estruturação do ego, na enorme tensão entre Don Giovanni e o comendador, pai de uma de suas seduzidas.[143]

A compulsão por sedução ou a síndrome de don-juanismo é um transtorno que leva a pessoa a seduzir compulsivamente, englobando constantes conquistas com envolvimento sexual, mas sem envolvimento emocional. Os sedutores ou sedutoras geralmente desejam pessoas difíceis ou proibidas. O indivíduo consegue que as outras pessoas se apaixonem facilmente por ele e depois que conquista a vítima, logo a abandona.

Geralmente são indivíduos narcisistas, com muita dificuldade de empatia e que buscam aventuras para aplacar a monotonia e o tédio.

> A figura de Don Juan se mistura com a configuração do trickster, símbolo arquetípico descrito por Jung (1954). O arquétipo trickster é tomado da antropologia. (...)

143. BOECHAT, Walter. *A mitopoese da psique:* mito e individuação. 2. ed. Petrópolis: Vozes, 2009. p. 64.

> Sem limite ou qualquer lei senão seu próprio desejo, o trickster representa a antítese de valores culturais estabelecidos e integrados pela consciência coletiva em forma de rituais. Na verdade, ele aparece mesmo nestes rituais personificando a antítese da atitude esperada, tristeza nos casamentos e nascimentos, alegria na morte.[144]

A síndrome de don-juanismo se inicia na adolescência e se manifesta tanto em homens quanto em mulheres. Se a compulsão afeta o homem, ele é tido como um príncipe encantado, o homem perfeito para a mulher, carismático, sedutor e atraente. Quando se manifesta em uma mulher, é sempre aquela que atrai os olhares de todos e seduz homens específicos. Frequentemente não é vista como uma mulher vulgar, pois escolhe suas vítimas: homens comprometidos, muito mais jovens ou muito mais velhos.

O homem don-juan conquista mulheres com baixa autoestima, carentes, ingênuas e influenciáveis. Prometem namoro e até casamento, mas sempre as seduzem e depois as abandonam. A mulher don-juan manipula e seduz por meio da sensualidade, fingindo que são submissas e que costumam fazer suas vontades.

As pessoas acometidas por essa síndrome raramente têm um relacionamento íntimo e estável, pois têm dificuldade de se entregar em uma relação profunda e duradoura por serem imaturos emocionalmente.

A Sombra do homem don-juan é a *anima* aprisionada no complexo materno, e a Sombra da mulher don-juan é o *animus* aprisionado no complexo paterno.

A Sombra da submissão

A sombra da submissão no mito "Eco e Narciso"

> *Onde o amor impera, não há vontade de poder;*
> *e onde o poder predomina, o amor esta ausente.*
> *Um é a Sombra do outro.*
>
> (Carl Gustav Jung)

144. BOECHAT, Walter. *A mitopoese da psique:* mito e individuação. 2. ed. Petrópolis: Vozes, 2009. p. 65.

Segundo a mitologia grega, Narciso era um belo rapaz, filho do deus-rio Cefiso e da ninfa Liríope. Cefiso fecundou Liríope e nunca mais voltou. Assim, Narciso nunca conheceu seu pai.

No dia de seu nascimento, Tiresias profetizou que Narciso não poderia contemplar sua própria face, pois seria fatal. Narciso era tão bonito que homens e mulheres se apaixonavam por ele. Entretanto, era muito orgulhoso e arrogante. Emocionalmente entorpecido aos desejos daqueles que se apaixonavam por ele, preferia viver só, pois não havia encontrado ninguém que julgasse merecedor de seu amor.

A ninfa Eco amava Narciso incondicionalmente, mas não era correspondida. Eco tinha uma história triste: a ninfa era amante dos bosques e dos montes, companheira favorita de Artemis em suas caçadas. No entanto, tinha um grande defeito: falava demais e tinha o costume de dar sempre a última palavra em qualquer conversa que participasse.

Um dia estava passeando com outras ninfas no bosque do Olimpo, quando apareceu a deusa Hera e seu marido Zeus. A ninfa passou a conversar com a deusa, tagarelando sem parar, e Zeus aproveitou a distração de Hera para namorar as ninfas. A ninfa foi castigada pela deusa e não teria mais o poder de iniciar uma conversa, apenas de ter a última palavra, repetindo o que os outros dissessem, passando a se chamar Eco.

Narciso caminhava pelos bosques declamando poesias que ele próprio criava e Eco o seguia repetindo suas últimas palavras. Narciso, chateado com a quantidade de pessoas que o amavam, rejeitava também a bela ninfa.

Havia perto dali um lago de águas claras onde Narciso chegou um dia, acompanhado por Eco. Debruçou-se sobre o lago para banhar-se e viu um ser belíssimo que o olhava de dentro das águas. Imediatamente apaixonou-se pela beleza daquele ser que, de dentro do lago, retribuía seu olhar. Ficou admirando sua própria imagem e ao abaixar o rosto para beijar o lindo ser, caiu no lago e morreu afogado. Eco ficou na beira do lago repetindo as últimas palavras de Narciso por vários dias, foi definhando, e morreu esquálida.

No lugar onde ele faleceu apareceu uma flor roxa, rodeada de folhas brancas. A flor passou a ser chamada de Narciso.

O mito de Eco revela que a pior prisão é aquela em que o ser humano não pode expressar o que pensa ou o que sente; é a tortura de conviver com seus pensamentos e sentimentos presos pelo medo ou pelas convenções ameaçadoras.

Narciso tinha uma ferida de abandono por não ter conhecido seu pai e compensava esta inferioridade com um complexo de superioridade. Era acometido pelo pecado da *hybris*, da arrogância, e se sentia superior a todos do seu convívio, principalmente aqueles que o desejavam. Ele desprezava a ninfa Eco, pois ela o idealizava e demonstrava seu amor incondicional por ele. Narciso desdenhava e humilhava a ninfa porque ela mesmo se auto desprezava em função de sua baixa autoestima.

Quem observa um homem ou uma mulher narcisista pode acreditar que são pessoas que possuem uma boa autoestima; no entanto, na realidade, elas gozam do Eu inflado, e somente imaginam que amam a si mesmo.

O narcisismo em suas últimas consequências pode transformar-se em sadismo. A mulher "Eco" e o homem "Narciso" podem passar a ter uma relação sadomasoquista.

A Sombra da submissão no filme "Shirley Valentine"

Não há transformação de escuridão sem luz,
nem de inércia sem movimento, sem emoção.
(Carl Gustav Jung)

Shirley Valentine é um filme coproduzido pelos Estados Unidos e Inglaterra, em 1989. Foi dirigido por Lewis Gilbert, tendo como principais atores Pauline Collins (Shirley) e Bernard Hill (Joe). Shirley e o marido se apaixonam e se casam.

No princípio da relação o casal se dava bem, eram cooperativos um com o outro, e compartilhavam momentos de amor erótico. Entretanto, o tempo foi passando e o casamento foi ficando insustentável.

Shirley conversava com a parede e reclamava da relação conjugal. Uma vizinha saiu para viajar e pediu para Shirley cuidar de seu cachorro. Ela é orientada a dar somente ração ao animal. Shirley ficou com pena quando foi alimentá-lo porque era um cão de caça e no seu entender ele deveria comer carne vermelha. Ela resolve dar ao cachorro os filés que estavam na geladeira e que eram servidos a seu marido às quintas-feiras durante o jantar. Ela e o marido discutiam com frequência, mas Shirley sempre era muito submissa. O marido chega em casa tenso, irritado e questiona porque o jantar não estava pronto. Ela serviu ovos fritos, porque já havia dado os filés ao cão. Joe, revoltado, atira os ovos no colo dela. Shirley se levanta calmamente, pega um pano de cozinha, limpa sua roupa e, ao abrir a porta do armário, olha para um pôster da Grécia e resolve viajar com a amiga sem avisar o marido.

Chegando na Grécia sente-se livre e fica maravilhada com a beleza natural do país. Resolve passear com um homem grego, Costas Caldes (Tom Conti) muito sedutor, que a leva para viajar em seu barco. O clima propicia uma atração entre os dois e eles acabam tendo um romance, uma relação amorosa, enquanto Shirley estava na Grécia. Na hora de voltarem para casa, Shirley resolve que iria morar na Grécia, porém havia saído do hotel com as malas.

A amiga volta sozinha e fica muito preocupada com ela. Quando Shirley retorna ao hotel percebe o grego seduzindo outra mulher que havia acabado de chegar. Ela compreende que ele era um homem sedutor e que ele não levava os romances a sério. Mesmo assim prefere continuar naquele lugar maravilhoso, pois não consegue voltar para o marido. A amiga retorna para os Estados Unidos e comunica ao marido de Shirley que ela ficara na Grécia e percebe que ele estava muito saudoso da mulher.

No final do filme Shirley está sentada em uma cadeira apreciando o mar e, de repente, o marido se aproxima e a convida para voltar para casa. Ela aceita, pois a relação havia sido transformada.

Shirley era uma mulher submissa que não tinha bom relacionamento com o marido. Ele era muito autoritário, eles não tinham diálogo e, como compensação, ela conversava com a parede.

Quando o marido chegou ao limite da agressão, Shirley se revoltou e viajou para Grécia passando a viver com liberdade e espontaneidade, podendo ser ela mesma. Ela conseguiu também perceber a Sombra do grego sedutor e ficou muito bem, mesmo estando sozinha. Ao se sentir em paz consigo mesma, superando a solidão pela construtiva autoestima, aceitou seu marido de volta ao percebê-lo completamente transformado.

A Sombra da submissão foi elaborada e superada.

A Sombra da submissão no conto de fadas "A Bela e a Fera"[145]

Em Mim
Em Mim o sem fim
Em Mim a fera dos tempos
a era dos ventos
a espera dos lentos
Em Mim o vazio da fera
a volubilidade da era
a ira da espera
Em Mim a fera tresloucada
ela ressabiada
enclausurada
E na azáfama da fera
a esperar pela queda
Um vapor úmido sobe das terras
do espírito
É a fera
a devorar
Ela que já não pode
Nesta Era
Caminhar pela Terra.

(Cristina Magnaghi)

Autores: Gabrielle-Suzanne Barbot (1740) e Madame Jeanne-Marie Le Prince de Beaumont (1756).

Era uma vez uma linda donzela de nome Bela, muito generosa e humilde, filha de um rico mercador. Suas irmãs eram rudes e grosseiras e tinham a necessidade de ostentar luxo, mas ela era simples, gostava de ler e tratava bem as pessoas.

O mercador resolveu fazer uma viagem de negócios e as duas filhas mais velhas encomendaram-lhe vestidos, joias e futilidades, porém Bela pediu apenas uma rosa.

O negociante, ao voltar para casa, teve que abrigar-se em um castelo por causa de uma tempestade. Naquela noite ele conseguiu se alimentar e dormir tranquilamente e não percebeu a presença de ninguém. No dia

145. PHILIP, Neil. *Volta ao mundo em 52 histórias*. 4. ed. São Paulo: Companhia das Letrinhas,1998. p. 36-41.

seguinte, lembrou-se do pedido de Bela e apanhou uma rosa do jardim do castelo. Contudo, o dono do castelo, uma Fera horripilante, impôs uma condição para que ele continuasse vivo: deveria trazer uma de suas filhas para ficar cativa no palácio.

Bela se ofereceu para ir ao castelo no lugar do pai. Entretanto, ao chegar ficou surpresa ao ver que a horrível Fera em certos momentos a tratava bem, fazendo as suas vontades. Bela foi se apegando ao monstro que a pediu em casamento e ela gentilmente recusou.

A moça sentia saudades da família e pediu à Fera para visitá-los. O monstro permitiu, mas ela deveria voltar em uma semana. Bela visitou o pai e as irmãs, que ficaram com muita inveja porque ela estava ricamente vestida e foram distraindo-a para que ela perdesse a data de retorno. A jovem foi prorrogando sua volta ao castelo até ter um sonho em que via a Fera morta. Voltou rapidamente e encontrou a Fera morrendo de inanição no jardim, sentindo falta da amada. Nesse momento, Bela percebeu que amava Fera e aceitou o seu pedido de casamento. Foi então que a Fera se transformou em um lindo príncipe, pois seu amor colocara fim a um encanto.

O príncipe fora condenado a viver como monstro até que uma donzela sentisse amor por ele. O príncipe e a Bela se casaram e foram felizes para sempre.

Bela tinha a Persona de boazinha tão destrutiva contra ela mesma, que decide ir viver com a Fera, no lugar do pai, que não protegeu a filha, ou seja, era um egoísta que não tinha amor por ela.

A Fera se apaixona por Bela e a trata com o carinho de um príncipe, o que não condizia com sua Persona de Fera. A Sombra da Fera era positiva. Quando Bela vai para a casa do pai, a Fera sofre por sua ausência e quando ela demora a voltar, enfraquece e quase morre.

Bela sentia amor por ele inconscientemente e somente percebe ao vê-lo doente. O amor de Bela transforma a Fera em príncipe. Pode-se inferir que o amor tem a capacidade de transformar a Sombra.

Citando o caso clínico de Sílvia, uma paciente que fez vários anos de análise, uma mulher sensível, amorosa, mas atuava a Persona defensiva da boazinha e, assim como a Bela da história, seu *Animus* estava aprisionado no complexo paterno, projetado no marido, um homem de personalidade semelhante à do pai que atuava com agressividade compulsiva. Seu pai era um homem de notório saber, excelente profissional, mas muito agressivo e autoritário com a família.

Sílvia tinha medos, fobias graves e baixa autoestima. Foi se transformando, integrou a agressividade criativa necessária, colocando limites e conseguindo dizer "não", arrancando a máscara de boazinha e sendo ela mesma. Durante o processo, Sílvia foi se conscientizando e percebendo que fazia o papel complementar, sendo submissa e permissiva. Aos poucos a agressividade que estava defensivamente na Sombra passou a ser exercida pelo Eu. Atualmente, desempenha a assertividade criativamente. Seu marido por não querer perdê-la, também fez análise, resolvendo seu problema de agressividade compulsiva passando a tratá-la carinhosamente. Da mesma forma, o marido Fera transforma-se em um homem amoroso e os dois passam a ter uma relação onde há companheirismo, respeito e amor.

Um homem Fera, ou uma mulher Fera, pode trilhar o caminho da individuação e viver a outra polaridade, conseguindo confrontar a Sombra, transformando-a. À medida que o ser humano consegue se conscientizar da agressividade destrutiva, integrando a agressividade criativa e o afeto, a Sombra será elaborada e o eixo Eu-Si-mesmo é alcançado.

Sombra da submissão no mito "Semele"

Semele, segundo a mitologia grega, era uma princesa tebana, filha de Cadmo e Harmonia.

Zeus e Semele se apaixonaram e durante algum tempo mantiveram relações amorosas e assim Semele engravidou.

Zeus visitava Semele adquirindo a forma de um mortal. Hera, a esposa de Zeus, descobriu a traição e, tomando também a forma de mortal, torna-se a ama de Semele.

A deusa Hera deixou Semele em dúvida com relação àquele que a havia engravidado.

Quando Zeus encontrou-se com a jovem novamente, ela pediu que ele realizasse um desejo seu e assim ele jurou ao rio Estige – o rio infernal –

que concederia. Semele pediu ao amado que ele se mostrasse por inteiro, com seu verdadeiro rosto, em todo o seu esplendor.

Zeus sabia que não poderia fazer isto sem destruí-la, e percebeu que o destino da jovem estava selado, pois ele havia feito o juramento fatal.

Ele, com muito pesar, concentrou-se e fez com que suas formas humanas fossem se apagando; ao mesmo tempo uma luz muito forte foi aparecendo em seu corpo como se fosse um segundo sol, relâmpagos se espalhavam pelo quarto, e o fogo incendiava tudo. Semele morreu fulminada, mas Zeus retirou de seu ventre Dionísio, colocando-o sobre seu colo, onde terminou a gestação.

Dionísio, uma vez reconhecido como um Deus imortal, desceu ao Hades e de lá arrancou o *eidolon* (fantasma) de sua mãe, promovendo a sua aceitação no Olimpo sob a condição de deusa com o nome de Tione.

Boechat preconiza: "Mitopoese da psique para encontros com o si-mesmo: o encontro de Psique com o deus Eros adormecido, ou quando Zeus se revela para Semele, princesa tebana".[146]

Semele cometeu o mesmo erro que Psiquê: quis ver o rosto do amor, porém o rosto do amor não pode ser visto.

O significado que este mito evoca é que o ser humano sempre será um ser menor, que não pode se comparar com a magnitude do divino, pois uma mortal não tem estrutura para suportar a epifania de uma divindade imortal.

O raio de Zeus, embora possa ser interpretado como um sinal de um *hieros gamos* que liga duas entidades, o deus Céu e a deusa Terra, foi simplesmente reduzido a uma união proibida de um deus com uma bela, mas a infeliz mortal, foi fulminada pelo raio de Zeus. Dionísio ao ser salvo pelo pai, que o gerou em sua coxa, passou a ser considerado como emanação do Deus do Olimpo e um imortal.

Zeus, como era um deus poderoso, o deus dos deuses, quando se apaixonava sempre se disfarçava para realizar seus desejos.

Hera, sua esposa, era constantemente traída por ele e como deusa poderosa castigava ou se vingava das rivais.

Semele se apaixonou por Zeus, e na sua inocência não imaginava com

---

146. BOECHAT, Walter. *A mitopoese da psique:* mito e individuação. 2. ed. Petrópolis: Vozes, 2009. p. 199.

quem estaria se envolvendo. Entretanto, apesar do sofrimento, Semele foi ao encontro do Si-mesmo e conseguiu ser aceita como deusa no Olimpo.

Na clínica é comum aparecerem homens casados que se julgam deuses, que possuem várias amantes com o consentimento da esposa ou não. O triângulo amoroso pode ser descoberto, e quando considerado traição, causa sofrimento para os três ou para as duas mulheres. Acontece do homem se relacionar com as duas ou com várias durante anos. As mulheres casadas também se envolvem com homens solteiros ou casados e também pode ser considerado traição, com graves consequências.

Pode-se inferir que o homem que não vive uma relação profunda com a companheira tem a *anima* aprisionada no complexo materno, e a mulher que imaturamente não aprofunda a relação com o companheiro tem o *animus* aprisionado no complexo paterno.

Mas de qualquer maneira são relações vividas na Sombra, porque não podem aparecer no âmbito social ou em sociedade.

A Sombra na crônica "A arte de engolir sapos"

> *Algum dia, em qualquer parte, em qualquer lugar, indefectivelmente, encontrar-te-ás a ti mesmo e essa, só essa, pode ser a mais feliz ou a mais amarga das tuas horas.*
>
> (Pablo Neruda)

Rubem Alves na crônica "A arte de engolir sapos", expõe que não acha os sapos bonitos, embora tenha um amigo, professor de biologia, que amava os sapos e conhece um tal filósofo que diria que para os sapos não existe nada mais belo que o próprio sapo.

> Mas o fato é que nós, humanos, não consideramos os sapos como animais com que gostaríamos de conviver. (...) Se o menino quisesse ter um sapo como bichinho de estimação, os pais tratariam de levá-lo logo a um psicólogo para saber o que havia de errado com ele.[147]

147. ALVES, Rubem. O amor que acende a lua. 15. ed. Campinas: Papirus, 2013. p. 106.

O cronista aponta que nas estórias infantis a bruxa poderia ter transformado o príncipe em outro animal, como girafa, tatu ou em um gato. No entanto, as feiticeiras sempre escolhem transformá-lo no mais nojento.

Ele conta na crônica, uma história conhecida, em que o sapo queria dormir na cama junto com a princesinha, ela fica horrorizada e para se furtar de seus beijos, o agarra pela perna e o atira na parede. Ao cair no chão, se transforma em um príncipe. Rubem Alves aconselhou pessoas a lançar seus sapos e sapas conjugais contra a parede para ver se também se transformariam em príncipes e princesas, mas parece que não funcionou.

Diz que o horroroso sapo também aparece na expressão popular "ter de engolir sapo".

> Não há forma de engolir sapo com prazer. Engolir um sapo é ser estuprado pela boca. Há um ditado inglês que diz: "*If you are going to be raped, and there is nothing you can do about it, relax and enjoy it*": se você vai ser estuprado e você não pode fazer nada para impedi-lo, relaxe e trate de gozar o mais que puder. Esse ditado sugere a possibilidade de se sentir prazer em ser estuprado. Pode até ser. A psicanálise me ensinou a aceitar a possibilidade dos mais estranhos prazeres perversos. Mas não há relaxamento que faça do ato de engolir um sapo uma experiência prazerosa. "Ter de engolir sapo": ser forçado a colocar dentro do corpo aquilo que é nojento, repulsivo, viscoso, frio, mole.[148]

Segundo nosso cronista, existem pessoas que engolem sapos por medo, porque preferem engoli-lo a enfrentá-lo, e acabam fazendo disso um hábito, ficando parecidas com eles: andam aos pulos, sempre rente ao chão e coaxam monotonamente.

O autor diz que engoliu muitos sapos e não se envergonha disso, porque há situações em que isso é inevitável e, com a crônica, quis dar uma contribuição ao saber psicanalítico que até agora não se manifesta sobre o assunto. Acha que muitos dos sintomas neuróticos que atingem as pessoas resultam de sapos engolidos e não digeridos.

148. ALVES, Rubem. O amor que acende a lua. 15. ed. Campinas: Papirus, 2013. p. 108.

> Alimentos não digeríveis são eliminados pelo aparelho digestivo de duas formas: ou são expelidos pelo vômito ou são expelidos pela diarreia. Os sapos são uma exceção. Não são digeridos, mas não são expelidos nem pelas vias superiores nem pelas vias inferiores. Os sapos se alojam no estômago. Transformam-no em morada. Ficam lá dentro. Por vezes hibernam. Mas logo acordam e começam a mexer.[149]

Rubem Alves acha que ninguém engole sapos por vontade própria, pois sempre tem alguém que nos obriga a isso, à força, fazendo com que nunca nos esqueçamos dela.

> Diz a Adélia que "aquilo que a memória amou fica eterno". Aí eu acrescento algo que aprendi no Grande Sertão. Conversa de jagunços matadores. Diz um: "Mato mas nunca fico com raiva." Retruca o outro, espantado: "Mas como?" Explica o primeiro: "Quem fica com raiva leva o outro para a cama." É isso. A gente leva para a cama a pessoa que nos obrigou a engolir o sapo. A raiva também eterniza as pessoas. Não adianta falar em perdão. A gente fica esperando o dia em que ela também terá de engolir um sapo. Ou, como dizia uma propaganda antiga de loteria, a gente reza: "O seu dia chegará..."[150]

O que é "engolir sapo"? Quando alguém diz algo que soa agressivo para outra pessoa, que se magoa, sente uma dor física, uma dor de estômago, mas não consegue responder nada, isto é "engolir sapos". Assim como aguentar comportamento inadequado de alguém por muito tempo e sofrer assédio moral e assédio sexual sem reagir.

No mito "Eco e Narciso", ele a desprezava, dizendo coisas que a tocavam de forma indesejada. Eco "engolia sapos" vindos de Narciso, mas não conseguia colocá-los para fora porque não conseguia falar, só ecoava.

Como vimos no filme "Shirley Valentine", a personagem foi "engolindo sapos" vindos do marido até o dia em que não aguentou mais e foi para a

149. ALVES, Rubem. O amor que acende a lua. 15. ed. Campinas: Papirus, 2013. p. 109.
150. *Idem, ibidem,* p. 109.

Grécia, abandonando-o.

No caso de Sílvia, ela "engolia sapos" primeiro por causa do pai e depois do marido. Ela foi ficando cada vez mais paralisada, até o dia em que não conseguia mais sair da cama. Por meio da análise, Sílvia aprendeu a colocar limites, ser assertiva e ter autoestima, e não "engoliu mais sapos".

No conto de fadas "A Bela e a Fera", a moça "engoliu sapos" e foi no lugar de seu pai viver com a Fera, mesmo sem querer, e aguentou firme, "engoliu sapos". Até o dia em que resolve abandoná-lo e voltar para a casa do pai. Somente quando Fera deixa de ser agressivo e fica doente é que Bela volta e sente amor por ele, que se transforma em um príncipe, ou seja, ela aprende a ter autoestima, a colocar limites e a não ser submissa. Não "engole mais sapos".

A Sombra na sexualidade

A Sombra no filme "O Segredo de Brokeback Mountain"

É inacreditável o que se esconde por entre a pele, o olhar, o desejo e o infinito.

(Cristina Magnaghi)

Filme estrelado por Heath Ledger, Jake Gyllenhaal, Anne Hathaway, Michelle Williams. Dirigido por Ang Lee.

Twist e Ennis iniciam uma amizade nas montanhas. Ennis fala pouco, mas gradativamente o sentimento entre eles vai crescendo. Twist é mais agressivo, mais extrovertido. Ennis é mais introvertido e mais passivo. A atração sexual entre os dois é muito forte.

O interessante é que na cena em que eles ficam juntos pela primeira vez, a sexualidade aparece com agressividade. Os dois são homens fortes, mas é importante sinalizar que na primeira cena Twist aparece chutando a picape, demonstrando uma agressividade defensiva. Já Ennis parece ter uma agressividade contida.

A relação sexual dos dois começa com afetividade, porque Twist põe o braço de Ennis abraçando seu corpo. Naquele instante, parece existir uma necessidade de preencher uma carência afetiva de ambos. Em seguida, Ennis demonstra agressividade e indignação, e então os dois têm uma relação onde se percebe a agressividade com sexualidade.

No outro dia, Ennis deixa claro, em um tom de voz agressivo, que não quer continuar a fazer sexo com Twist. Percebe-se que o preconceito, a auto-agressividade e a agressividade defensiva com o outro são preponderantes para que Ennis manifeste a rejeição por Twist. Apesar disso, eles continuam tendo a necessidade um do outro: necessidade afetiva, agressiva e sexual.

O chefe deles demonstra sentir rejeição, menosprezo e raiva pelos dois; sentimentos que provavelmente são vividos em razão do preconceito com relação à homossexualidade, advindo da dinâmica patriarcal defensiva preponderante na sociedade norte-americana da década de 1990. Enquanto a alteridade mobiliza a democracia e a igualdade, há a revolta que resulta em discriminação sexual, racismo, preconceito sociocultural etc. Quanto mais se percebe a alteridade se instalando, mais o complexo patriarcal defensivo luta contra os benefícios de relações igualitárias no campo ou no âmbito da política, da religião, da diferença de raça e da diferença socioeconômica.

O amor dos dois é mantido em segredo e os encontros continuam, apesar do casamento heterossexual que ambos assumem com suas mulheres. Mesmo constituindo família, não conseguem vencer o autopreconceito e a discriminação social.

Quanto ao sogro de Twist, é um homem que, por ter dinheiro e uma posição socioeconômica elevada, aparenta ser arrogante, com agressividade destrutiva e com uma relação edipiana com a filha. Pelo seu status, rejeitava Twist, o que provavelmente reforçava o seu sentimento de inferioridade por não conseguir vencer o preconceito sexual e estar em uma situação socioeconômica menos favorecida. A esposa de Twist é uma mulher fútil que não se importava com ele, porque ela tinha uma relação incestuosa com o pai, e sua mãe era submissa. Podemos inferir que Twist tinha dificuldade de ser ele mesmo porque a relação dele com a mãe era provavelmente calcada em uma simbiose defensiva. Ela fez questão de manter o quarto do filho como era na infância e mesmo contrariando seu desejo, quis colocar as cinzas dele no jazigo da família. A mãe aparenta ser uma mulher com afetividade defensiva porque provavelmente tratava o filho como criança, impedindo-o de evoluir psiquicamente.

No que diz respeito a Ennis, mesmo sentindo afeto e atração sexual pelo amigo, preferiu insistir no casamento heterossexual. Alma, sua esposa, era uma mulher submissa que não usava a agressividade criativa para mostrar ao marido seu ciúme e indignação pela relação que ele mantinha com Twist. No entanto, conseguiu, após alguns anos, separar-se dele reconstruindo sua vida afetiva com outro homem. Ennis, mesmo após o divórcio, não teve coragem suficiente para unir-se conjugalmente a Twist. Ao contrário, tentou outra relação heterossexual, que também não deu certo.

Ennis passou a ter uma união com a filha, na qual projetava sua *anima*. Ele só percebe realmente o que perdeu quando fica sabendo da morte de Twist. Por causa do preconceito sexual, os dois atuaram a função da agressividade de forma defensiva, o que não permitiu que o amor entre eles se estruturasse.

A ovelha geralmente, no inconsciente coletivo, é símbolo da função de afetividade, mas uma ovelha destroçada e descarnada aparece sincronicamente no momento em que Ennis se sente culpado pelo ato sexual, isto é, a autoagressividade destrutiva fez com que ele se sentisse como a ovelha morta. Então, ele resolveu que aquilo não aconteceria mais.

O símbolo do urso, que assustou as mulas quando Ennis ia buscar os mantimentos, também significava a agressividade destrutiva que acabava não permitindo que eles se alimentassem. Então, ocorre a transgressão, pois, para não morrerem, mataram um alce. Essa agressividade utilizada transgrediu a lei da caça proibida e pode ser elaborada como criativa. É importante perceber que essa análise é feita através da alteridade. A lei patriarcal não permite que a transgressão ocorra. Contudo, somente com a morte do alce, que serviu de alimento, é que conseguiram sobreviver na montanha. É interessante apontar que o alce é, no senso comum, um animal que simboliza a homossexualidade masculina.

No final, Twist está morto e Ennis fica sozinho.

O preconceito que eles sentem contra a homossexualidade é mais forte do que a atração sexual e o afeto que sentem um pelo outro. A vida dos dois é destruída e destituída de significado pelo medo da discriminação e repressão da sociedade, que não aceitava amor e sexo entre dois homens.

A Sombra no mito "Lilith"

"A maldade humana reside no fundo das nossas entranhas... O prazer carnal é a principal tentação que o diabo usa para atrair o ego aos abismos do inferno. Contra essa catástrofe, o ego aterrorizado tenta manter o controle do corpo a qualquer preço. A consciência, associada ao ego, opõe-se ao inconsciente ou ao corpo enquanto repositório das forças da sombra."
(Alexander Lowen)

Lilith, de acordo com o Gênesis no Alfabeto de Ben-Sira (600 e 1000 d.C.), foi criada por Deus com a mesma matéria-prima, da mesma terra que Adão, queria igualdade de poder, e se recusava a ficar por baixo durante as relações sexuais. Foi a primeira mulher a se rebelar contra o sistema patriarcal, ou seja, na modernidade considerada como a primeira feminista.

Em Gênesis 2:18, depois de criar Adão, Deus criou Lilith e os dois começaram a brigar porque ela não queria ser dominada por ele, não queria ficar em uma posição inferior, porque sabia que era criada da mesma matéria e exigia igualdade entre o homem e a mulher. Revoltada, Lilith fugiu e voou para o ar. Foi condenada por Deus a perder cem filhos por dia.

Outra interpretação indica que Lilith tentou Eva para seduzir Adão a comer o fruto proibido, e por isso foram expulsos do paraíso. Desde então, Lilith persegue os homens, principalmente os adúlteros, para se vingar. Seu símbolo passou a ser o lado escuro da Lua, a Lua Negra, onde dizem ser sua morada.

Lilith é considerada a primeira mulher a se revoltar contra o poder abusivo dos homens.

Esta Sombra permanece na humanidade desde os tempos arcaicos até os dias de hoje. As mulheres sofrem a opressão e a injustiça dos homens contra elas, mas percebe-se que gradativamente vão se libertando e tornando independentes, trabalhando pelo seu próprio sustento.

Algumas culturas permanecem com esta Sombra hedionda de desigualdade, inclusive muitas mulheres são mutiladas e impedidas de sentir prazer sexual.

Esta terrível submissão suscita na mulher uma revolta incontida contra o homem machista, "porco chauvinista". Contudo, a liberdade e a igualdade estão se sucedendo nas sociedades mais modernas. A Sombra está sendo dissipada.

A Sombra no filme "Uma Relação Pornográfica"

Nada sabemos da alma
Senão da nossa;
As dos outros são olhares,
São gestos, são palavras,
Com a suposição
De qualquer semelhança no fundo.
(Fernando Pessoa)

Este filme foi dirigido por Fréderic Fonteyne e protagonizado por Nathalie Baye e Sergi López.

Uma mulher coloca um anúncio na Internet dizendo que gostaria de realizar uma fantasia sexual e precisaria conhecer um homem que se dispusesse a isso. Assim, ela escolhe um dos rapazes que responde ao anúncio.

O casal se encontra em um café em Paris. Eles não sabem o nome um do outro. Não há identidade definida. Conversam pouco e vão a um hotel para realizar o desejo. Durante todo o filme a fantasia não é revelada.

A proposta é fazer sexo e não fazer amor, que corresponde à relação sexual daqueles que se amam. A fantasia é bem específica, sempre a mesma.

Todas as semanas eles se encontram no café, no mesmo dia da semana e têm uma conversa franca, já que eram espontâneos, uma vez que não precisavam seduzir um ao outro, pois o sexo entre eles era uma realidade. Eles vão se conhecendo, embora não tivessem dados objetivos sobre a vida de cada um. Não sabiam do outro: nome, endereço, idade, estado civil, profissão etc.

Após alguns meses, a conversa antes do ato sexual parecia ser mais interessante do que o próprio ato. Então a mulher faz a proposta de fazerem sexo "normalmente", ou seja, sexo com envolvimento, com vínculo afetivo. Os dois ficam impactados pela proposta, mas a aceitam e passam a fazer sexo com amor. São cenas simples e cotidianas, com a revelação dos orgasmos, da insegurança de não corresponder às expectativas do parceiro, da preocupação com o outro como qualquer casal que se ama. Como as emoções afloram, os dois têm reações inesperadas: ela sai chorando, sem saber o porquê, e ele fica extremamente irritado.

Então acontece algo imprevisível: enquanto faziam amor, um senhor idoso entra por engano no quarto do casal, mas em seguida se retira; ouve-se um estrondo porque ele cai ao chão acometido por um ataque cardíaco. Infere-se que ele tenha tido uma enorme emoção ao ver o casal se amando. Talvez tenha se lembrado dos tempos felizes com sua esposa, mas isso não é revelado. Como ele não queria ser identificado para que sua esposa não o encontrasse, pede ao protagonista que guarde sua aliança. Ele morre ao chegar ao hospital.

O casal se encontra com a velha senhora que diz que seu casamento teve bons tempos de felicidade e que não iria aguentar viver sem o marido. Em seguida ela comete suicídio, o que causa um terrível impacto no casal, pois provavelmente a tragédia teve uma perspectiva funesta para a relação deles.

Os dois combinam um encontro para expressar seus sentimentos, porém o medo da rejeição faz com que imaginem que não havia reciprocidade, impedindo que confessem o amor um pelo outro, deixam de se encontrar.

Os dois passam a fazer amor, o que significa um vínculo além do físico, porque o amor é feito de corpo e alma. Entretanto, a Sombra do casal é a fobia de rejeição e abandono. Acontece uma desintegração da relação profunda e íntima que estava se desenvolvendo entre os dois. Eles não vivem uma relação pornográfica, é muito mais erótica do que pornográfica, ficam desesperados com a possibilidade de uma futura separação, não conseguem sustentar a vivência amorosa e acabam se separando.

Como diz Guimarães Rosa: "Viver é perigoso" e de acordo com Vinícius de Moraes: "São demais os perigos desta vida para quem tem paixão". Em um relacionamento no qual existe amor ou paixão, a Sombra sempre é a traição, a rejeição, o abandono e a separação. Ao vivermos os vínculos de amor, precisamos estar dispostos a enfrentar o sofrimento. Não há como não sentir pena por uma relação amorosa que não se realiza.

A Sombra na literatura "Dona Flor e seus dois Maridos"

UVAS

Mesclados: o mel
e o mal

a vida: madura
impura

doces-pobres
bagos

em que o gozo
do mel
inclui o mal

em que o gosto
de podre
aguça o fruto

(Orides Fontela)

"Dona Flor e seus dois Maridos" é um dos romances mais conhecidos do escritor brasileiro Jorge Amado, membro da Academia Brasileira de Letras, publicado em 1966. Este romance foi levado com êxito ao cinema, ao teatro e à televisão.

A história se passa em Salvador - Bahia. Dona Flor era casada com Vadinho, um alcoólatra, boêmio, jogador e mulherengo que a fazia sofrer muito pois ela era apaixonada por ele.

Excelente professora de arte culinária, tinha muitas alunas, mas Vadinho tinha prazer em seduzir as jovens aprendizes de Dona Flor, o que a deixava angustiada.

Era carnaval e Vadinho saiu em um bloco com seus amigos vestido de baiana. Depois de muita folia sentiu-se mal e caiu ao chão fulminado por um ataque cardíaco.

Dona Flor ficou desesperada quando viu Vadinho morto, e nos dias que se seguiram ela não se conformava e achava que não poderia viver sem ele. Passado algum tempo, Dona Flor até que às vezes se sentia aliviada porque Vadinho infernizava sua vida com seu comportamento inadequado.

Havia na cidade um corretíssimo farmacêutico, Teodoro Madureira, um homem sério, trabalhador, pacato e religioso. Dona Flor foi à farmácia e os dois ficaram conversando por um longo tempo. Depois de alguns dias começaram a namorar e quando ia acontecer o primeiro beijo de Teodoro, Flor oferece os lábios e ele a beija na testa. Ela tinha muito orgulho dele porque era músico, tocava fagote e frequentava saraus com as pessoas mais importantes da cidade. A mãe dela estava muito contente porque achou que desta vez ela havia acertado e seria feliz.

Logo os dois se casaram. Teodoro sempre foi um companheiro afetuoso para Dona Flor. No entanto, havia um porém, a relação sexual entre os dois era controlada, ele exagerava no respeito, fazia amor vestindo camiseta e ceroulas, todo coberto com lençóis e no escuro. Teodoro não conseguia fazer com que ela se realizasse sexualmente e quando terminava a relação Flor automaticamente pensava nos momentos de prazer com Vadinho. Assim, Dona Flor sentia saudades de Vadinho, que era um atleta sexual.

Dona Flor vai à igreja se confessar com o padre e diz que tinha vergonha de reclamar de Teodoro, que era bom marido, porém ela tinha muita saudade de Vadinho e só pensava nele. Disse ao sacerdote que tinha uma vida feliz por todos invejada, mas sentia agonia porque achava que era de "natureza ruim".

Um dia Teodoro sai para trabalhar e Dona Flor fica ainda na cama, pensando no ex-marido, quando de repente o espírito de Vadinho aparece deitado ao seu lado. A princípio ela fica assustada, mas como estava saudosa, se deixou ser beijada e abraçada por ele, e acabaram tendo relações sexuais, o que a deixou muito realizada. Quando terminaram, ela deitada no ombro dele, estava muito feliz pela volta de Vadinho. A diferença entre os dois maridos era grande, com Vadinho era vadiação e com Teodoro era sexo tão comportado que ela sentia tédio. Ele a avisou que não iria mais embora e quando ela disse que havia se casado com Teodoro, Vadinho diz que não tinha importância, porque o marido não podia vê-lo, aliás, ninguém podia vê-lo a não ser Dona Flor. Foi feito inclusive um trabalho de macumba para mandar Vadinho de volta para o plano espiritual, que não deu certo.

Então, ela resolve ficar com os dois maridos porque na verdade eles se complementavam.

E continuou muito feliz porque Vadinho e Teodoro simbolizavam dois aspectos diferentes do animus de Dona Flor.

Ela era submissa na relação com Vadinho, sofria muito por ele ser um vadio, alcoólatra e desempregado. Contudo, quando fica viúva, deixa de sofrer de ciúmes e maus tratos. Acontece que apesar de se casar com Teodoro, um homem bom, trabalhador e equilibrado, não consegue satisfação nas relações sexuais. Ela necessitava de um homem por inteiro. E, quando o espírito do Vadinho retorna, resolve ficar com os dois, por se completarem, formando o homem ideal de Dona Flor.

A Sombra na religiosidade

Valeu a pena? Tudo vale a pena
Se a alma não é pequena.
Quem quer passar além do Bojador
Tem que passar além da dor.
Deus ao mar o perigo e o abismo deu,
Mas nele é que espelhou o céu.

(Fernando Pessoa)

> Um dos propósitos básicos da religião é, e sempre foi, definir a sombra, contrapor o mundo da escuridão ao mundo da luz, e desse modo preceituar o comportamento moral humano. Cada religião tem sua maneira particular de dividir o todo em bem e mal; quanto mais aguda essa divisão, tanto mais definida a ética humana. Por isso Isaías brada, no Velho Testamento: "Ai daqueles que ao mal chamam bem, e ao bem, mal; que mudam as trevas em luz e a luz em trevas; que tornam doce o que é amargo, e amargo o que é doce! (...) Por isso o furor do Senhor se inflama contra o seu povo.[151]

A paciente Sílvia, se dizia muito religiosa. Durante as inúmeras sessões de análise, rotineiramente citava o nome de Deus. A fé sempre foi inabalável. Mesmo quando sentiu que Deus a havia "abandonado", acreditava na Sua Onipotência e Onisciência. Na infância, Sílvia frequentava as missas e aos seis anos foi para um colégio de freiras.

Orava muito, fez a primeira comunhão e aos quinze anos foi interna no colégio e queria até mesmo tornar-se freira. Sílvia teve o seguinte sonho:

> Eu estou lendo jornal com um homem que é empregado da empresa onde meu marido trabalhava. Eu falo: Deus, só pode ser um sonho, não é possível que o Senhor esteja fazendo isto outra vez!

Ao elaborarmos este sonho, Sílvia disse que não se conformava com o fato do marido ter perdido o emprego, que Deus estava sendo cruel, e que ela estava sentindo revolta contra Deus. Sílvia passou a ter sonhos com o apocalipse. O sonho a seguir demonstra o desespero que ela sentia quando imaginava que Deus havia "abandonado" sua família, porque seu marido perdeu o emprego:

> Eu, minha irmã e outras pessoas estamos na praia. O mar começa a mudar, olhamos uns para os outros. O mar continua se modificando. Alguém fala: "A cor está

151. ZWEIG, Connie; ABRAMS, Jeremiah (Orgs.). *et al. Ao encontro da sombra*: o potencial oculto do lado escuro da natureza humana. 9. ed. São Paulo: Cultrix, 1999. p. 151.

> diferente". Outro diz: "A vibração é diferente". Outra pessoa fala: "Que estranho!". Eu, que estava do lado direito, não sei porque vim para o lado esquerdo. Estava na praia, o mar a cobriu. Aquela cidade que eu via de longe, não estou vendo mais. Que estranho! É gozado, foi algo lento, mas mudou. O que estava no fundo foi para o raso. Transformou, mudou. Mulheres falam: "Aquelas pessoas já não estão mais no lugar em que estavam". Fomos parar numa casa. Alguém comenta: "Será que é o final dos tempos? Será que isto está acontecendo? É o apocalipse"? Minha irmã fala: "Nunca senti esta sensação". Uma mulher de idade fala: "Ajuda, estou precisando de ajuda". O que será que está acontecendo? Então olho pela janela. Pessoas saem do lado direito, indo para o esquerdo. Homens e mulheres fugindo. Será que estão apavorados? Há uma aflição, o que será que está acontecendo? Não sei se é o final dos tempos ou se já morremos. Preciso de Deus, acho que é falta de rezar mais. Parece que algo acontece e sinto necessidade de orar. Penso: "Ah! Meu Deus, não quero morrer. Não consigo me concentrar, não consigo nem rezar. Será que a morte é agressiva?". Estou apegada à vida, não quero sofrer, nem morrer.

No questionamento com Deus, lembro-me de uma conscientização sua, que expressou com semblante alegre:

> Já sei. Tive um *insight*: Deus permite que o Mal aconteça para que haja evolução. Porque se for pelo bem, a gente fica paralisada e não consegue continuar evoluindo. Se Deus tivesse deixado tudo do jeito que estava, eu estaria viajando de um lado para o outro, curtindo a vida, onde estaria a evolução do meu marido? E onde estaria a minha evolução em termos de independência financeira?"

Sílvia pensou na hipótese de que o desemprego do marido havia acontecido também para que ela se esforçasse em conseguir um trabalho remunerado, e que foi o que aconteceu. Então, Deus havia permitido que o Mal acontecesse pelo Bem.

Hoje em dia, Sílvia diz como percebe Deus:

> Não é mais o paizão, mas também não é o diabo mau que castiga.
> Diria que é completo, é junto. Não se pode separar um do outro.
> O Bem é mais abrangente. É um Deus que não vai ficar controlando,
> Passando a mão na cabeça, ou sendo protetor. Vai deixar o Mal acontecer para que se evolua, mas ele está torcendo a favor para que tudo saia bem. Mas, pensando bem, a gente não sabe se ele está torcendo ou não. Ele já colocou o livre arbítrio dentro de nós. A centelha divina, a essência do Bem.
> Por isso dizem: "O reino de Deus está dentro de nós e tudo mais nos será dado..." Não é Deus que faz o mal para a gente, nós fazemos mal para nós mesmos e para os outros. Meu marido é que faz o mal para ele próprio, enquanto não elabora sua mania de grandeza e sua inferioridade, e eu estou fazendo o mal para mim mesma enquanto não resolvo meu sustento.

Atualmente ela trabalha como arquiteta e o marido conseguiu um emprego em outra multinacional. Fazendo terapia tornou-se um homem mais humilde e amoroso com Sílvia. Antes ela enxergava Deus como extrema bondade, e agora percebe que o mal pode ajudar na evolução do ser.

Sílvia transformou a imagem e a consciência que tinha de Deus como demonstra o relato anterior.

O confronto, a elaboração da Sombra e a iluminação (individuação) de Sidarta [152]

> *E aqui existe um mistério, e eu não o compreendo: Sem esse toque de algo alheio e – até mesmo – selvagem, sem as terríveis energias do lado avesso da saúde, da sanidade e do juízo, nada funciona, nada pode funcionar. Pois afirma que a bondade*

152. HESSE, Hermann – Sidarta – 2008 – 50º edição – Editora Record – Rio de Janeiro

– aquilo que nós em nosso eu diurno e comum, chamamos bondade: o comum, o decente – nada é sem os poderes ocultos que se despejam continuamente do lado da sombra.

(Doris Lessing)

Sidarta nasceu no Nepal e foi criado no principado de Kapilavastu, território atualmente dividido entre o Nepal e a Índia. O pai de Buda foi o rei Suddhodana, líder do clã Shakya. Gautama era o nome de família. Sua mãe, rainha Maha Maya e esposa de Suddhodana, era uma princesa Koliyan.

Na noite em que Sidarta foi concebido, a rainha, sua mãe, teve um sonho com um elefante branco com seis presas brancas. Para dar à luz, Maha Maya foi para o reino de seu pai, como era a tradição, mas Sidarta nasceu no caminho, em Lumbini (Nepal) debaixo de uma árvore de Shorea robusta. *Siddhartha* significa "aquele que atinge seus objetivos" e *Gautama* significa "condutor de gado".

O príncipe tinha três palácios que foram construídos para ele, e seu pai se preocupava com o destino do filho, porque almejava que fosse um grande rei; desta forma tentou protegê-lo dos ensinamentos religiosos e do sofrimento do conhecimento humano. Quando Sidarta tinha 16 anos, seu pai quis que ele se casasse com uma prima. Tiveram um filho, Rahula.

Contrariando os desejos do pai, o príncipe sentia que não tinha como objetivo na vida a riqueza material. Aos 29 anos, Sidarta saiu com seu cocheiro para viajar além do palácio. Embora seu pai procurasse esconder todos os sofrimentos do mundo, durante a viagem o príncipe encontrou um homem doente, um corpo em decomposição e um asceta, o que o deixou deprimido e lhe deu motivos para abandonar a família e o palácio. Gautama foi com seu cavalo para Rajagaha e começou sua vida ascética, pedindo esmolas na rua.

Em seguida praticou os ensinamentos de Alara Kalama sob a orientação de dois professores eremitas, e depois foi estudar com Udaka Ramaputta, quando alcançou altos níveis de consciência meditativa e, apesar de ser convidado a suceder seu professor, foi em busca de ensinamentos e práticas iogues com outros cinco companheiros, liderados por Kaundinya. Tentaram encontrar a iluminação praticando a automortificação, com a privação de bens materiais, inclusive alimentação. Depois de quase morrer de fome, por pouco não se afogou em um rio durante o banho. Resolveu então rever seus meios de alcançar a iluminação e descobriu o Caminho do Meio, o caminho para a moderação. Gautama sentou-se sob uma árvore, conhecida hoje com a Árvore de Bodhi em Bodh Gaya, e jurou que não se levantaria enquanto não alcançasse a iluminação. Após 49 dias de meditação e com 35 anos de idade, Sidarta alcançou a iluminação espiritual, ficando conhecido como Buda, que significa "desperto, iluminado, o que compreendeu, o que sabe". Também foi chamado de Sugato, que significa "Feliz".

O Budismo afirma que Sidarta compreendeu as causas do sofrimento e os caminhos para eliminá-lo; e as descobertas são chamadas de Quatro Nobres Verdades. Ele atingiu o estado de suprema liberação, ou Nirvana, que é um estado perfeito de paz onde são eliminados o orgulho, o ódio, a ignorância e a inveja que são pesares e aflições que acometem o ser humano. Após ter elaborado sua doutrina, percorreu o país durante 45 anos para difundi-la.

Buda morreu aos 80 anos de idade na Índia, seu corpo foi cremado e as cinzas foram repartidas entre vários governantes, para serem veneradas como relíquias sagradas.

Sidarta era pressionado por seu pai para aprender a ser um grande rei, mas ele não tinha preferência pelas coisas materiais. Quando descobre os sofrimentos do mundo, resolve abandonar a família, as riquezas e o poder, para a busca de autoconhecimento e elevação espiritual. A história conta que para se iluminar teve antes que conhecer sua Sombra, sofrimento e os percalços da existência. Depois de muito estudo, muita meditação e terríveis sacrifícios, conseguiu alcançar o Nirvana (o estado pleno de iluminação), ou seja, o eixo Eu–Si-mesmo. O Arquétipo Central passou a ser o centro da personalidade como um todo, e o seu caminho de individuação começou a ser seguido por milhares de pessoas no mundo.

Os textos dos conteúdos essenciais da ioga se dividem em 16 meditações. A meditação da água é uma imaginação ativa da imagem de uma superfície aquosa. É preciso imaginar que a água se converte em gelo luminoso e transparente, e o gelo transforma-se em lápis-lazúli, que se converte em chão luminoso e destas profundezas surge "o estandarte de ouro". O símbolo se estende nas 8 direções da rosa-dos-ventos que representam um sistema de 8 raios. O sistema brilha como "1000 milhões de sóis". Embora o texto não diga, o sistema de 8 raios é o país de Amitâbha. A fonte desta água, a pérola sem igual, é o Tathâgata, o Buda em pessoa. Jung escreve sobre Buda:

> A figura de Buda está sentada em uma flor redonda de loto, no centro do país octogonal de Amitâbha. Buda se destaca pela grande compaixão com a qual acolhe todos os seus e, consequentemente, também o meditador, isto é, o ser mais íntimo que é o próprio Buda que aparece na visão como o verdadeiro si-mesmo do meditador. Este se sente como o único existente, como a consciência suprema que é realmente o próprio Buda. Para atingir essa meta final, ele precisou percorrer todo o caminho da penosa reconstituição espiritual, libertando-se da consciência cega, do ego sobre o qual pesa a culpa da ilusão do mundo, para chegar ao outro pólo da alma, no qual o mundo é abolido como ilusório.[153]

A Sombra no filme "Sete anos no Tibet"

O Outro

Por que clamas aos deuses, às estrelas,
às espumas de ocultos oceanos
ou às sementes de jardins longínquos,
se o que te fere é a tua própria vida,
se o que crava as garras nas tuas entranhas

153 JUNG, Carl Gustav. *Psicologia da religião ocidental e oriental.* 3. ed. Petrópolis: Vozes, 1988. p. 574, § 932.

é o nascer de cada novo dia
e a noite que cai,
retorcida e assassinada ?
Se o que sentes é a dor em outro alguém,
que não conheces mas que está sempre
presente
e é vítima, inimigo, amor,
e tudo aquilo de que
precisas para alcançar a totalidade ?
Não te entregues ao poder das trevas
nem esvazies de um só trago a taça do prazer.
Olha à tua volta: existe outro alguém,
sempre um outro alguém.
O que ele respira é a tua asfixia,
o que ele come é a tua fome.
Morto, levará consigo a metade mais pura
da tua própria morte.

(Rosário Castellanos)

Sete anos no Tibet, um filme de Jean-Jacques Annaud-1997, conta a história de um famoso alpinista austríaco Heinrich Harrer (Brad Pitt), que visava somente fama e glória, e resolve escalar um dos picos mais altos do Himalaia, o Nanga Parbat. Era casado e sua esposa Ingrid Harrer (Ingeborga Dapkunaite) estava grávida. Quando ela se despediu dele, chorando, pediu que ele desistisse da aventura, porque ela gostaria que ele estivesse presente no nascimento do filho. Neste momento ele expõe que tinha certeza que conseguiria escalar o pico e que isto era muito importante para ele.

Começa a escalada com um grupo de alpinistas. Alguns desistem, mas ele continua subindo com seu amigo Peter Aufschnaiter (David Threwlis). Durante o trajeto machuca-se gravemente. No entanto, mesmo machucado continua. Seu amigo Peter tenta escalar, mas há um momento em que fica desprotegido e necessita da ajuda de Heinrich. Este não estava conseguindo puxar a corda por causa do ferimento e coloca a vida do amigo Peter em risco. Eles decidem abandonar a aventura e como estavam em plena Segunda Guerra Mundial, são aprisionados em um acampamento quando são surpreendidos por tropas inglesas. Heinrich consegue fugir, faz uma longa caminhada de dois anos através do Himalaia chegando ao Tibet, na cidade de Lhasa. Durante todo o trajeto, ele continuava demonstrando irresponsabilidade.

Por causa do narcisismo defensivo, falta de empatia e da agressividade compulsiva, foi impedido de conquistar uma linda moça, que preferiu ficar com seu amigo por perceber a Sombra de Heinrich. Sincronicamente faz contato com o Dalai Lama (B. D. Wong) durante sete anos, quando vive a intensa amizade que o faz retornar ao caminho da individuação. Há uma modificação profunda porque o jovem Dalai Lama torna-se seu grande mentor espiritual. A religiosidade transformou sua arrogância em humildade. O filme é baseado em fatos reais e demonstra as defesas da Sombra sendo confrontadas, passando pela função transcendente e integrando o eixo Eu-Si-mesmo. Em outras palavras, Heinrich transformou o Eu inflado e a agressividade destrutiva em generosidade e assertividade. Saindo do Tibet, voltou para a Áustria e procurou o seu filho que, após certa resistência, o aceita como pai. A relação com o filho foi resgatada porque deixou de ser egoísta e passou a ser humilde e amoroso.

A Sombra na literatura "A Divina Comédia"

Epígrafe para um livro condenado
Leitor pacífico e bucólico,
Homem de bem, e crente no destino,
Joga fora este livro saturnino
Livro, orgíaco e melancólico.

Se o curso não fizeste um dia,
Com Satanás o esperto decano,
Irias ler-me por engano,
Como algum caso de histeria

Mas se, sem deixar-te encantar
Deveres descer os abismos,
Lê-me, que o poema irás amar.

Alma curiosa, em paroxismos,
Tem pena, se buscas paraíso.
Senão eu te anatematizo.

(Charles Baudelaire)

"A Divina Comédia" exerceu grande influência em poetas, músicos, pintores, cineastas e outros artistas nos últimos 700 anos. Desenhistas e pintores como Gustave Doré, Sandro Botticelli, Auguste Rodin e Camille Claudel, Salvador Dali, Michelangelo e William Blake estão entre os ilustradores de sua obra. Os compositores Robert Schumann e Gioacchino Rossini traduziram partes de seu poema em música e o compositor húngaro Franz Liszt usou a Comédia como tema de um de seus poemas sinfônicos.

É um poema de viés épico e teológico da literatura italiana e mundial, escrito por Dante Alighieri no século XIV e dividido em três partes: Inferno, Purgatório e Paraíso.

Possui três personagens principais:

Dante, que personifica o homem

Beatriz, que personifica a fé

Virgílio, que personifica a razão

Na "Divina Comédia" a terra fica no centro de círculos que formam a Esfera Armilar e o Meridiano, onde atualmente situa-se Jerusalém. Lúcifer, quando caiu das esferas superiores, atingiu a Terra Santa, o portal do Inferno. O Paraíso e o Purgatório seriam os seguimentos dos círculos concêntricos.

Dante Alighieri faz uma viagem espiritual pelos três reinos.

No início da Odisseia, Dante encontra-se perdido em uma floresta escura e, ao tentar escapar da selva, encontra uma enorme montanha, na qual é impedido de subir por um leopardo, um leão e uma loba. Dante é surpreendido pelo espírito de Virgílio (poeta da antiguidade) que se dispõe a guiá-lo. Beatriz, a paixão da infância de Dante resolve ajudá-lo, desce do Céu e vai buscar Virgílio no Limbo.

Eles fazem uma viagem através dos nove círculos do inferno. Dante e Virgílio chegam ao Inferno onde está o Rio Aqueronte. Lá encontra Caronte, cuja incumbência é atravessar as almas em seu barco. Dante e Virgílio atravessam o Rio no barco de Caronte. Dante desmaia no ante-inferno e acorda no Limbo. Lá encontra as almas que não escolheram Cristo, mas sim a virtude. Não ascendem ao céu porque não tiveram fé em Cristo.

No inferno, Virgílio mostra a Dante onde são expurgados os pecados, o sofrimento dos pecadores, as cidades infernais, os monstros e demônios, até chegarem ao centro da Terra, onde vive Lúcifer.

O ponto mais profundo do labirinto, onde ocorre o confronto com o mal, é o ponto de inversão. A poetisa Kathleen Raine descreve a famosa descida de Dante, e seu retorno, da seguinte forma:

> A jornada, até então, foi uma descida para lugares cada vez mais escuros e piores, a claustrofobia se acercando até que o regente do Inferno possa ser encontrado e identificado como a Sombra... Agora que o regente do inferno foi visto e identificado, Virgílio ao mesmo tempo conduz e carrega o horrorizado Dante ao longo de uma passagem estreita, por baixo do trono de Satã, sob as coxas peludas da figura do Demônio, meio animal e meio homem. O que ocorre então é uma espécie de renascimento, através de uma abertura redonda; e Dante, como um recém-nascido, pode agora ver pela primeira vez o céu e as estrelas. E também ocorre literalmente - e dramaticamente - uma alteração de ponto de vista.

> Satã, em seu enorme trono, é agora visto invertido, por baixo dos pés do viajante: seu poder desapareceu. Ele não é mais o regente e o centro da psique. O que aconteceu aqui foi descrito por Jung como a reintegração da personalidade, que ocorre quando entendemos que é o Self - o 'outro' dentro de nós - e não, como pensávamos, o ego, o verdadeiro regente e centro da nossa alma.[154]

Dante e Virgílio conseguem fugir do Inferno passando por um caminho subterrâneo que os leva ao outro lado da Terra.

Saindo do Inferno, eles param na base de uma altíssima montanha: o Purgatório. No sopé da montanha encontram aqueles que tiveram o arrependimento lento e tardio pelos seus pecados e ainda esperam a oportunidade para entrar.

Depois do ante-purgatório, os poetas sobem cada vez mais e passam por sete terraços onde são expurgados cada um dos sete pecados capitais.

Após viajarem por todos os círculos do purgatório, Dante se despede de Virgílio e encontra um anjo que o conduz através de um fogo, que separa o Purgatório do Paraíso terrestre. Em seguida encontra Beatriz e se purifica mergulhando nas águas do Rio Letes para que possa prosseguir viagem.

O Paraíso de Dante é dividido em uma parte material e espiritual. A parte material consiste em nove esferas concêntricas: a Lua, Mercúrio, Vênus, Sol, Marte, Júpiter e Saturno e, em seguida, há o céu das estrelas fixas e o último círculo da matéria é o céu cristalino.

Beatriz olha diretamente para o Sol e Dante faz o mesmo, e ambos começam a elevar-se, "transumanando". Beatriz conduz Dante por vários Céus, encontrando São Tomás de Aquino, o Imperador Justiniano e outros.

Quando ele chega ao céu de estrelas fixas é interrogado pelos santos, que desejam saber suas crenças filosóficas e religiosas, e lhe é concedida a permissão para continuar no caminho do Paraíso.

Quando Dante chega ao céu cristalino, passa a ter a compreensão do mundo espiritual e encontra nove círculos angélicos que giram em volta de Deus. Ele se separa de Beatriz, recebe a visão da Rosa Mística e sente o amor

---

154. ZWEIG, Connie; WOLF, Steve. *O jogo das sombras, iluminando o lado escuro da alma*. 1. ed. São Paulo: Rocco, 2000. p. 279-281.

divino que emana de Deus, "o amor que move o Sol e outras estrelas".[155]

Dante, ao passar pelo Purgatório, faz o expurgo dos sete pecados capitais, ou seja, elabora a Sombra confrontando a gula, a avareza, a luxúria, a ira, a inveja, a preguiça e a vaidade.

Vive os horrores do Inferno, vendo monstros e diabos, almas de pecadores sendo castigados e tem o encontro com Lúcifer. Na linguagem junguiana, Dante tem um profundo encontro com a Sombra e ao elaborá-la e integrar a *anima* (Beatriz), chega ao Paraíso.

Para chegar ao Paraíso ele se "transumana", tem a compreensão do mundo espiritual e sente o amor divino, ou seja, ocorre o encontro do Eu com o Si-mesmo (eixo Eu-Si-mesmo) e o Arquétipo Central passa a ser reconhecidamente o centro da personalidade. A iluminação é alcançada!

A manifestação da Sombra na noite escura da alma

Faz parte das profundezas do espírito religioso ter se sentido abandonado, até mesmo por Deus.
(Alfred North Whitekead)

Noite escura da alma, o paradoxo místico segundo a doutrina de São João da Cruz (século XVI).

Em noite tão ditosa,
E num segredo em que ninguém me via,
Nem eu olhava coisa,
Sem outra luz nem guia
Além da que no coração me ardia.[156]

São João da Cruz fala da noite escura da fé como necessária e importante para a vida espiritual. É quando a oração parece não ser ouvida, é o silêncio de Deus.

155. ALIGHIERI, Dante. A Divina Comédia. Paraíso - Canto XXXIII.

156. CRUZ, São João da. A noite escura da alma. 1960. p. 5. Disponível em: <http://www.hadnu.org/publicacoes/72-a-noite-escura-da-alma>. E-book gerado automaticamente em 02 jun. 2014.

Ele se sentia o pior dos seres humanos, chorando por seus pecados, sofrendo uma angústia mortal. Jesus viveu a noite escura da alma no Getsêmani, na noite em que foi traído por Judas. Lá vivenciou uma aridez e tristeza mortais e, apesar de ter suado sangue, não teve medo, levantou-se e enfrentou os guardas, dizendo: "Sou eu!".

Não podemos confundir depressão com noite escura, que tem como objetivo o confronto com as vaidades.

Existe uma diferença entre alma árida e alma vazia, porque a alma vazia nunca bebeu água e, portanto, não conhece o gosto. A alma árida já provou de Cristo a água que jorra para a eternidade, por isso Jesus disse para a samaritana: "Se soubesses quem te pede de beber, você é quem pediria" (Jo 4, 10). O estado de aridez, a noite escura, motiva para a busca não do prazer, mas daquele que nos dá consolação, felicidade, Deus.

A noite escura da alma de São João da Cruz descreve o modo pelo qual o santo chega ao estado de perfeição espiritual, é uma análise da experiência mística que antecede a plena iluminação.

> Quando Deus, de fato, põe a alma nesta noite escura a fim de purificar-lhe o apetite sensitivo por meio da aridez, não a deixa encontrar gosto ou sabor em coisa alguma. Nisto se conhece com muita probabilidade que esta secura e aridez não provém de pecados, nem de imperfeições recentemente cometidas. (...) Junto com a secura e vazio na parte sensitiva, a alma geralmente experimenta desejo e inclinação para ficar sozinha e quieta, sem poder, — nem mesmo querer, —pensar em coisa distinta.(...) Nem todos os que se exercitam deliberadamente no caminho espiritual, conduz o Senhor à contemplação, nem mesmo a metade dos espirituais; o motivo disso só Deus sabe. (...) embora a alma não se possa apoiar em qualquer luz particular do entendimento, nem a guia alguma exterior, de modo a receber satisfação neste caminho elevado, — por motivo de ser privada de tudo em meio a estas escuras trevas, — contudo o único amor que nela arde solicita-lhe continuamente o coração para o Amado. É este amor que move e guia então a alma, fazendo-a voar para seu Deus pelo caminho da solidão, sem ela saber como nem de que maneira.[157]

---

157. CRUZ, São João da. A noite escura da alma. 1960. p. 43 e 170. Disponível em: <http://www.hadnu.org/publicacoes/72-a-noite-escura-da-alma>. E-book gerado autoticamente em 02 jun. 2014.

A noite escura da alma é necessária e importante para a vida espiritual, porque purifica a sensibilidade e faz crescer o verdadeiro amor.

Teresa de Ávila escreveu três tratados místicos e o mais importante deles é o Castelo Interior, onde relata sua viagem pelo mundo interno e momentos de profunda aridez da alma, até a sua experiência de iluminação.

Santo Agostinho afirmou: "Tu mesmo que incitas ao deleite no teu louvor, porque nos fizeste para ti, e nosso coração está inquieto enquanto não encontrar em ti descanso".[158]

Santo Inácio De Loyola teve diversas experiências espirituais e visões, e também passou por diversas provações internas: o desânimo, a aflição e a noite escura da alma. Passadas estas provações, teve o ânimo renovado diante de novas experiências espirituais. Conforme narrado em sua autobiografia:

> Estas visões o confirmaram então e lhe deram tanta segurança sempre da fé, que muitas vezes pensou consigo: se não houvesse Escritura que nos ensinasse estas verdades de fé, ele se determinaria a morrer por elas, só pelo que vira.[159]

Os santos têm a noite escura da alma antes da iluminação. É uma crise intensa onde entram em confronto com os aspectos sombrios da personalidade. Depois de sentirem muita angústia, o Eu ideal é sacrificado e as virtudes emergem na psique. Os santos chegam à iluminação, ou seja, o Si-mesmo passa a ser o centro da personalidade como um todo.

A luz afasta as trevas e acontece o reinado do arquétipo divino.

> É sabido que os dramas mais emocionantes e mais estranhos não são os que se passam no teatro, mas sim no coração de todos os homens e mulheres. Estes vivem sem chamar a atenção e não deixam transparecer de forma alguma os conflitos tumultuosos que os habitam.[160]

---

158. SANTO AGOSTINHO. *Confissões.* 10. ed. São Paulo: Paulus, 1984. p. 92.

159. LOYOLA, Inácio de. *Autobiografia de Inácio de Loyola.* Portugal: A. O. Braga, 2005. p. 53.

160. JUNG, CARL GUSTAV. *Psychology and religion:* west and east. *Princeton University Press,* Collected Works 7, Bollingen Series, p. 528, 1938.

3. CONCLUSÃO

> *Talvez todos os dragões dessa vida*
> *sejam princesas à espera de*
> *ver-nos, belos e bravos.*
> *Talvez o horror seja apenas,*
> *no mais fundo do seu ser, algo*
> *que precisa do nosso amor.*
>
> (Rainer Marie Rilke)

Segundo Hillmann, a cura da Sombra é uma questão de amor. A expressão "cura da Sombra" é usada para designar a integração da Sombra, vinculando o amor ao olhar do acolhimento da Sombra.

> A cura da Sombra é, por um lado, uma questão moral — ou seja, o reconhecimento daquilo que reprimimos, o modo como efetuamos essas repressões, a maneira como racionalizamos e enganamos a nós mesmos, a espécie de objetivos que temos e as coisas que ferimos (ou até mesmo mutilamos) em nome desses objetivos. Por outro lado, a cura da sombra é uma questão de amor. Até onde poderia o nosso amor estender-se às partes quebradas e arruinadas de nós mesmos, às nossas partes repulsivas e perversas? Quanta caridade e compaixão sentimos pelas nossas próprias fraquezas e doenças? Como poderíamos construir uma sociedade interior baseada no princípio do amor, reservando um lugar para todos? E uso a expressão "cura da sombra" para enfatizar a importância do amor. Se nos aproximamos de nós mesmos para nos curar e colocamos o "eu" no centro, isso com muita frequência degenera no objetivo de curar o Eu — ficar mais forte, tornar-se melhor e crescer de acordo com os objetivos do Eu, que em geral são cópias mecânicas dos objetivos da sociedade. Mas quando nos aproximamos de nós mesmos para curar essas firmes e intratáveis fraquezas congênitas de obstinação, cegueira, mesquinhez, crueldade, impostura e

> ostentação, defrontamo-nos com a necessidade de todo um novo modo de ser; nele, o Eu precisa servir, ouvir e cooperar com um exército de desagradáveis figuras da sombra e descobrir a capacidade de amar até mesmo o mais insignificante desses traços.[161]

Após a confrontação e elaboração da Sombra e a integração do *animus* ou *anima*, alcançamos o centro da totalidade psíquica, o Si-mesmo. A personalidade e a psique como um todo passam a ser regidas pelo Arquétipo Central. Perceberemos, então, o mundo de outra maneira porque alcançaremos a sabedoria do eixo Eu-Si-mesmo realizado. Os sonhos revelam a sabedoria profunda por meio de símbolos de minerais, vegetais e animais sendo super-homens e deuses, além de imagens de velha ou velho sábio, sacerdotisa, mago, deusa-mãe e mestre espiritual. Estes sonhos numinosos deixam uma impressão relevante e enraizada de admiração. Como o Si-mesmo vai muito além do consciente, pode se expressar por uma fração do infra-humano e também por uma fração do super-humano.

O esclarecimento, confrontação e elaboração da própria Sombra, quitação das projeções, a resolução dos complexos, a descida à profundeza das trevas, ou seja, a integração do consciente e inconsciente têm como resultado a alteração do centro da nova personalidade, alcançada com muito sacrifício, e que não se limita a um diminuto Eu. Cria-se um sistema, uma estrutura grandiosa que transforma o caos em cosmos.

Jung afirma sobre a mandala:

> A energia do ponto central manifesta-se na compulsão quase irresistível para levar o indivíduo a tornar-se aquilo que ele é, do mesmo modo que todo organismo é impulsionado a assumir a forma característica de sua natureza, sejam quais forem as circunstâncias.[162]

---

161. HILLMAN, James. A cura da sombra. In: ZWEIG, Connie; ABRAMS, Jeremiah (Orgs.). *et al. Ao encontro da sombra*: o potencial oculto do lado escuro da natureza humana. 9. ed. São Paulo: Cultrix, 1999. p. 264.

162. JUNG, Carl Gustav. *Os arquétipos e o inconsciente coletivo*. 1. ed. Petrópolis: Vozes, 2000. p. 353, § 634.

Para finalizar, é de suma importância conhecer esta expressão de Jung sobre a alma humana:

> Seria uma blasfêmia afirmar que Deus pode manifestar-se em toda parte menos na alma humana. Com efeito, a grande intimidade de relação entre Deus e a alma exclui automaticamente toda a depreciação desta última. Sem dúvida, falar de afinidade é um exagero; mas de qualquer modo a alma deve possuir em si mesma uma faculdade de relação, isto é, uma correspondência com a essência de Deus; se não, como seria possível o estabelecimento de uma relação? Essa correspondência em termos psicológicos é o arquétipo da imagem de Deus.[163]

---

163. JUNG, Carl Gustav. *Psicologia e alquimia*. 4. ed. Petrópolis: Vozes, 1991. p. 23, § 11.

REFERÊNCIAS BIBLIGRÁFICAS

ALIGHIERI, Dante. *A Divina Comédia*. Paraíso - Canto XXXIII.

ALVES, Rubem. *O amor que acende a lua*. 15. ed. Campinas: Papirus, 2013.

ASSIS, Machado de. *50 contos*. 3. reimpressão. São Paulo: Companhia das Letras, 2007. p 154.

BOECHAT, Walter. *A mitopoese da psique:* mito e individuação. 2. ed. Petrópolis: Vozes, 2009.

CRUZ, São João da. *A noite escura da alma*. 1960. p. 5. Disponível em: <http://www.hadnu.org/publicacoes/72-a-noite-escura-da-alma>. E-book gerado automaticamente em 02 jun. 2014.

EDINGER, Edward. *O encontro com o Self*. 10. ed. São Paulo: Cultrix, 1995.

______. *Ego e Arquétipo*, uma síntese fascinante dos conceitos psicológicos fundamentais de Jung. 10. ed. São Paulo: Cultrix, 1995.

FRANZ, Marie-Louise von. *O caminho dos sonhos*. 10. ed. São Paulo: Cultrix, 1996.

GOETHE, J. W. *Fausto*. 1. ed. São Paulo: Martin Claret, 2003.

GRINBERG, Luiz Paulo. *O homem criativo*. 1. ed. São Paulo: FTD, 1997.

HALL, Calvin S.; LINDZEY, Gardner; CAMPBELL, John B. *Teoria da personalidade*. 4. ed. Porto Alegre: Artmed, 2000.

HESSE, Hermann. *Sidarta*. 50. ed. Rio de Janeiro: Record, 2008.

HILLMAN, J. *Suicídio e alma*. 1. ed. Petrópolis: Vozes, 1993.

HOLLANDA, Chico Buarque de. *Leite derramado*. 3. Ed. São Paulo: Cia das Letras, 2009.

JACOBY, Mario. *Psicoterapia junguiana e a pesquisa contemporânea com crianças*. 1. ed. São Paulo: Paulus, 2010.

JUNG, Carl Gustav. *Psychology and religion:* west and east. *Princeton University Press*, Collected Works 7, Bollingen Series, p. 528, 1938.

______. Letters. ADLER, G.; JAFFÉ, A. (Orgs.). *Princenton University Press*, Princeton, Bollingen Series XCV, v. 2, p. 316, 1972.

______. *Memórias, Sonhos e Reflexões*. 9. ed. Rio de Janeiro: Nova Fronteira, 1978.

______. *Fundamentos de psicologia analítica*. 3. ed. Petrópolis: Vozes, 1985.

______. *Aion*. Estudos sobre o simbolismo do Si-mesmo. 2. ed. Petrópolis: Vozes, 1988.

JUNG, Carl Gustav. *Psicologia da religião ocidental e oriental*. 3. ed. Petrópolis: Vozes, 1988.

______. *Ab-reação,análise dos sonhos, transferência*. 2. ed. Petrópolis: Vozes, 1990.

______. *Psicologia e alquimia*. 4. ed. Petrópolis: Vozes, 1991.

______. *A natureza da psique*. 4. ed. Petrópolis: Vozes, 1998.

______. *Os arquétipos e o inconsciente coletivo*. 1. ed. Petrópolis: Vozes, 2000.

______. *Psicologia do inconsciente*. 13. ed. Petrópolis: Vozes, 2001.

______. *Memórias, Sonhos e Reflexões*. 13. ed. Rio de Janeiro: Nova Fronteira. 2006.

______. *O eu e o inconsciente*. 23. ed. Petrópolis: Vozes, 2011.

______. *Interpretação psicológica do Dogma da Trindade*. 9. ed. Petrópolis: Vozes, 2012.

LEROUX, Gaston. *O fantasma da ópera*. Porto Alegre: L&PM Pocket, 2012.

LOYOLA, Inácio de. *Autobiografia de Inácio de Loyola*. Portugal: A. O. Braga, 2005.

NEUMANN, Erich. *Depth psychology and a new ethic*. Londres: Hodder & Stoughton, 1969.

______. *A criança*. 10. ed. São Paulo: Cultrix, 1995.

______. *Amor e Psiquê*: uma contribuição para o desenvolvimento da psique feminina. 10. ed. São Paulo: Cultrix, 1995.

______. *A Grande Mãe*: um estudo fenomenológico da constituição feminina do inconsciente. 14. ed. São Paulo: Cultrix, 2006.

NUNES, Helen Ferreira. *Ensaio sobre o Livro X de "Confissões"*. Ouro Preto: Universidade Federal de Ouro Preto, p. 6, 2014.

OTTO, Rudolf. *O Sagrado*. 1. ed. Petrópolis: Vozes, 2007 (originalmente publicado em 1917).

PHILIP, Neil. *Volta ao mundo em 52 histórias*. 4. ed. São Paulo: Companhia das Letrinhas,1998.

ROSA, João Guimarães. *Grande Sertão: Veredas*. 1. ed. Rio de Janeiro: Nova Aguilar, 1994.

SANTO AGOSTINHO. *Confissões*. 10. ed. São Paulo: Paulus, 1984.

SAMUELS, A. *Jung e os pós-junguianos*. Rio de Janeiro: Imago, 1989.

SILVEIRA, Nise da. *Jung*: vida e obra. 15. ed. Rio de Janeiro: Paz e Terra, 1996.

TOGNOLI, Cláudio Julio. *Folha de São Paulo*, São Paulo, 14 jul. 1992. Caderno Cotidiano, p. 3.

WHITMONT, Edward C. *A busca do símbolo*. Conceitos básicos de psicologia analítica. São Paulo: Cultrix, 1990.

______. *O retorno da deusa*. 1. ed. São Paulo: Summus, 1991.

WILDE, Oscar. *O Retrato de Dorian Gray*. 1. ed. Rio de Janeiro: Ediouro, 1995.

ZWEIG, Connie; ABRAMS, Jeremiah (Orgs.). *et al. Ao encontro da Sombra*: o potencial oculto do lado escuro da natureza humana. 9. ed. São Paulo: Cultrix, 1999.

______; WOLF, Steve. *O jogo das sombras, iluminando o lado escuro da alma*. 1. ed. São Paulo: Rocco, 2000.

SATTVA EDITORA

contato@sattvaeditora.com.br
www.sattvaeditora.com.br